# CATALOGUE

DES

# GENTILSHOMMES

## DE LANGUEDOC

### (GÉNÉRALITÉ DE MONTPELLIER)

QUI ONT PRIS PART OU ENVOYÉ LEUR PROCURATION AUX ASSEMBLÉES DE LA NOBLESSE
POUR L'ÉLECTION DES DÉPUTÉS AUX ÉTATS GÉNÉRAUX DE 1789

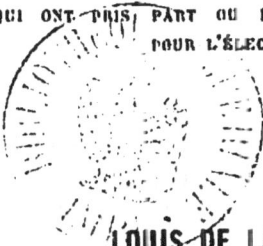

Publié d'après les procès-verbaux officiels

PAR MM.

### LOUIS DE LA ROQUE ET ÉDOUARD DE BARTHÉLEMY

## PARIS

E. DENTU, LIBRAIRE
AU PALAIS-ROYAL.

AUG. AUBRY, LIBRAIRE
16, RUE DAUPHINE

# AVERTISSEMENT.

La province de Languedoc embrassait dans son étendue les huit départements de la Haute-Loire, de l'Ardèche, du Gard, de la Lozère, de l'Hérault, de l'Aude, de la Haute-Garonne, du Tarn, et une partie de celui de Tarn-et-Garonne. Elle était divisée en deux généralités, celle de Montpellier et celle de Toulouse. Chacune de ces deux villes avait un bureau des finances ou des Trésoriers de France placé sous la juridiction de l'Intendant de la province, qui résidait à Montpellier.

Cette province, gouvernée pendant plusieurs siècles par des comtes souverains dont la filiation authentique est connue depuis 852, fut conquise en grande partie pendant la guerre des Albigeois par l'armée de Simon de Montfort (1214-1226), et réunie à la couronne après la mort de Jeanne, comtesse de Toulouse (1271), fille de Raymond VII, mariée avec Alphonse de Poitiers, frère de saint Louis (1).

Le Languedoc était au premier rang des *pays d'États*. Son organisation administrative, admirée par Fénelon et recommandée par les économistes du dernier siècle, avait servi de modèle à l'organisation des assemblées provinciales tentée par Louis XVI : elle était placée sous le contrôle des États généraux de la province, dans lesquels les trois ordres étaient représentés, et votaient par tête depuis un temps immémorial. Le Tiers-État avait dans cette

---

(1) Les armes de Languedoc étaient : « De gueule à la croix d'or, vidée, cléchée et pommetée, » appelée quelquefois la croix de Toulouse. C'étaient les armes des anciens comtes.

assemblée un nombre de députés égal à celui des deux premiers ordres réunis. C'est ce qu'on a appelé depuis le doublement du Tiers. Il était représenté par les maires, consuls, viguiers ou capitouls des villes et communautés. Les *capitouls de Toulouse* (quoique anoblis par leurs charges, s'ils n'étaient pas nobles avant leur entrée en fonctions) siégeaient parmi le Tiers-Etat comme députés des villes.

La répartition de l'impôt voté par les Etats généraux se faisait dans les assemblées diocésaines et dans les Etats particuliers de Gévaudan, de Velay et de Vivarais; mais le recouvrement ne pouvait avoir lieu que sur la remise des rôles faite au greffe de l'intendance par le secrétaire des Etats ou les syndics de la province. Les règles suivies pour cette perception ont été appliquées plus tard à notre administration financière. On ne les a pas améliorées, dit avec raison M. de Tocqueville, on n'a fait que les généraliser.

Toulouse était la capitale du Haut-Languedoc, et Montpellier du Bas-Languedoc, qui comprenait les trois pays de Gévaudan, de Velay et de Vivarais. Le parlement siégeait à Toulouse, la Cour des comptes, aides et finances à Montpellier. Les Etats, longtemps ambulatoires dans les villes diocésaines ou autres, se tenaient à Montpellier depuis la fin du dix-septième siècle.

Paris, le 23 décembre 1861.

# CATALOGUE

DES

# GENTILSHOMMES DE LANGUEDOC

## GÉNÉRALITÉ DE MONTPELLIER.

## SÉNÉCHAUSSÉE DE BÉZIERS.

*Procès-verbal de l'Assemblée générale des trois ordres de la sénéchaussée de Béziers, comprenant les diocèses d'Agde, de Béziers, de Lodève et de Saint-Pons (1).*

16 mars 1789.

(*Archiv. imp.* B. III, 31. p. 181, 278-338.)

### NOBLESSE.

Joseph-Gabriel de Gleises de la Blanque, chevalier, Sgr de Béziers en partie, de Corneilhan, etc., conseiller du Roi en ses conseils, premier conseiller du conseil de Monsieur frère du Roi, juge mage, lieutenant-général en la sénéchaussée présidiale de la ville de Béziers.
Monsieur frère du Roi, comte de Pézénas.
François-Emmanuel de Crussol, duc d'Uzès, premier pair de France,

---

(1) Nous croyons devoir faire observer qu'un certain nombre de familles nobles de Languedoc ont pu ne pas figurer dans ces assemblées pour cause d'absence, de maladie ou d'abstention.
Cette liste a été revue sur la minute du procès-verbal des archives, B. a, IV. 13.
L'extrait de ces procès-verbaux a déjà été publié dans l'*Armorial de la noblesse de Languedoc*, par M. Louis de la Roque ; 2 vol in-8o. Paris, 1860 ; — et dans l'*Annuaire historique et généalogique de la province de Languedoc*, par le même : — 2 vol. in-8o. Paris 1861, 1862-63.

prince de Soyon, baron de Florensac, Vias, etc., chevalier des ordres du Roi.

Victor-Maurice de Riquet, comte de Caraman, Sgr en partie du canal de Languedoc, lieutenant-général des armées du Roi, grand'croix de Saint-Louis, commandant en chef du comté de Provence.

Pons-Marthe, marquis de Thézan, comte du Poujol, baron de Mourcairols, Sgr d'Hérépian, du Pradal, co-Sgr de Mourèze, Sgr direct de Cessenon et de Roquebrun.

Alexandre, marquis de Bermond, Sgr de Puisserguier, Maureilhan, Sébazan, Saint-Baulery, Colombiers et Tessan.

Jean-Maurice de Vissec, marquis de Fontès, Sgr haut et bas justicier de la terre de l'Estan-les-Fontès.

Henri-Antoine, marquis de Gayon, Sgr engagiste de Roujan, Sgr de Bessan Poussan-le-Bas, Sgr direct de Vendres, maréchal de camp, chevalier de Saint-Louis.

Joseph-Henri-Constance, marquis de Lort, Sgr de Perdiguier, Savignac, Maraussan, etc., chevalier de Saint-Louis, ancien maréchal général des logis de la cavalerie.

Jean-Baptiste-Joseph, marquis d'Alphonse, Sgr d'Alphonse et patrice romain, chevalier de N.-D. de Mont-Carmel et de Saint-Lazare de Jérusalem, lieutenant de Roi de la ville d'Agde.

Louis d'Alichoux de Senegra, Sgr de la terre de Fos.

Gabriel-Jean-Guillaume de Paschal de Saint-Juéry, vicomte de Vailhan, Sgr de Cazilhac, capitaine de cavalerie.

Jean-François-Bérenger, vicomte de Thézan, baron de Boussagues, Sgr d'Espondeilhan, de Cognas, d'Aumes et Murles, Sgr direct de Bédarrieux, baron des États de Languedoc, colonel du régt de Vermandois-infanterie, chevalier de Saint-Louis.

Jean de Benoist, comte de la Prunarède, Sgr de la Valette, du Bosc, de Valarèdes, Lavasselle et Cérizière, ancien lieutenant-colonel de cavalerie, chevalier de Saint-Louis.

Jean-François-Gabriel, comte de Polastron, Sgr haut moyen et bas justicier du fief noble du Bagnas, D. d'Agde.

Pierre-François-Frédéric de Ferrouil, baron de Laurens, Fouzilhous, etc., premier lieutenant des gardes du corps de Monsieur, colonel de cavalerie, chevalier de Saint-Louis.

Dame Victoire-Emérentienne de la Croix-Candillargues, veuve de Henri-Guillaume de Carion d'Espagne de Nizas, comte de Paulin, premier vicomte des États du pays d'Albigeois, chevalier de Saint-Louis, Sgr de Lésignan la Cèbe, Fontcouverte, Tourbes, Usclas, etc., en qualité de légitime administratrice des personnes et biens de ses enfants mineurs.

Jean-Gabriel de la Treille, marquis de Fozières, Sgr de Pégairolles, Le Ras, co-Sgr direct de la ville de Lodève, chevalier de Saint-Louis, ancien capitaine de dragons.

Antoine-Henri de Serret, baron de Coussergues, Sgr de Montmarin, Saint-Jean de la Cavalerie et Castelfort.

Marie-Pierre Dupuy-Montbrun, chevalier, vicomte de Cabanes, Sgr de la Roque, la Canourgue, Saint-Pierre de la Fage, Parlatges, etc.

Dame Catherine-Françoise Castanier de Couffoulens, comtesse de Clermont, Brignac, Mourèze, etc., vicomtesse du Bosc, Salelles, etc., baronne de la Coste, dame de Saint-Privat, Sérignan, etc., veuve de Louis-Marie de Poulpry, chevalier, marquis de Poulpry, lieutenant général des armées du roi.

Joseph-François-Simon, marquis de Grave, Sgr haut moyen et bas justicier de Saint-Martin d'Aumes, et en partie de Saint-Martin d'Hérault.

Antoine-Joseph de Jessé, baron de Levas, Sgr de Carlencas et Campillergues.

Jean-Pierre-Aaron Seymandy, vicomte de Saint-Gervais, colonel d'infanterie et lieutenant des cent suisses du roi.

Pierre-Marie-Emmanuel de Reversac de Célés, comte de Marsac et de Poupar, marquis de Roquelaure, Sgr de la Brée et du Grazan, baron de Roquefort et de Boussens, conseiller au parlement de Toulouse, en qualité de père et légitime administrateur de la personne et des biens de Jean-Gabriel-Prosper de Reversac de Marsac, son fils, marquis de Pezennes, baron de Montesquieu.

Dame Marguerite-Pauline-Elisabeth de Solinhiac, épouse de Pierre-Henri-Etienne de Nattes, chevalier de Saint-Lazare, capitaine au régiment de Lorraine infanterie, dame pour un tiers de la baronie de Magalas ;

Dame Marie-Anne-Jeanne de Solinhiac, épouse de Jean-Baptiste-Bernard de Lavit, chevalier, lieutenant de MM. les maréchaux de France en la sénéchaussée de Béziers, dame pour un tiers de la baronie de Magalas.

Dame Marguerite-Françoise-Elizabeth de Solinhiac, épouse de Pierre de Solencier, capitaine d'infanterie, dame pour un tiers de la baronie de Magalas.

Pierre-Maurice-Hilaire de Claris, Sgr de Saint-Félix, Saint-Guiraud et Rabieux, chevalier, conseiller du Roi en tous ses conseils, premier président en survivance de la Cour des comptes, aides et finances de Montpellier.

Théodore, marquis de Barral d'Arènes, chevalier, ancien lieutenant de Roi de la province de Languedoc, Sgr haut, moyen et bas justicier du Viala, D. de Lodève et Sgr moyen et bas du château et domaine du Parc.

Dame Françoise-Mathurine de Guignard de Saint-Priest, veuve de Marc-Antoine-Marie-Thérèse Dax (d'Ax), marquis d'Axat, comtesse de Montpeyroux.

Antoine-Félix de Juvenel, co-Sgr de Carlencas.

Jean-François de Bonnet de Maureilhan, baron de Polhes, Sgr de Nefflès, etc.

Joseph, comte de Brettes de Thurin, ancien officier de cavalerie Sgr de Mézeilhes.

Joseph-François de Rives, Sgr et baron du lieu de Ribaute.

Jean-Hyacinthe-Stanislas de Mahieu, Sgr en paréage de Colombiers, Sgr direct de Cazouls.

François-Marie-Zéphyrin, chevalier de Mahieu, son frère.

François-Henri de Vidal de Latreille, Sgr de Lasteulles, N. D. de la Garrigue, du Cayre et de Laganas, citoyen de Bédarrieux.

Antoine-André Leguepeys, Sgr de Bousigues.

Charles-Marie de Barbeyrac, marquis de Saint-Maurice.

Henri-Raimond de Peyrottes, baron de Soubès, Sgr de Poujols, etc., ancien officier des vaisseaux du Roi.

Henri-Joseph de Charayzieux, chevalier, baron de la Valtière et de Pailhès, maréchal de camp, commandant pour S. M. au môle Saint-Nicolas, île Saint-Domingue.

Daniel-Barthélemy Lajard, président, trésorier de France en la généralité de Montpellier, Sgr en toute justice du lieu de Canet.

Pierre de Grave, chevalier, ancien capitaine de cavalerie, chevalier de Saint-Louis, Sgr haut, moyen et bas justicier en partie de Saint-Martin les Montagnac.

François-Laurent d'Albenas, Sgr et baron de Loupian.

Etienne-François de Portalès, marquis de Vignoles, Sgr de Cournonterral, du fief de Saint-Marcel dans la sénéchaussé de Béziers, etc.

Joseph-Antoine de Villeraze, Sgr haut moyen et bas justicier de Castelnau et Saint-Bauzile des Claisssar.

Jacques-Louis d'Hemeric, ancien officier au corps des grenadiers de France, co-Sgr d'Espondeilhan.

Jean-Fulcrand de Saint-Julien, Sgr du Puech.

Etienne-Gabriel-François de Grandsaigne, chevalier d'Auterives, chevalier de Saint-Louis, capitaine commandant au régt de Vermandois, marquis de Mallevielle, baron de Lercaro, Sgr de l'isle d'Agde de Bandinelli.

Jean-Joseph-Martin de Barbeyrac, chevalier de Saint-Maurice, Sgr de Journiac et des fiefs nobles du Paratge et Levasseur, situés au lieu de Saint-André.

Dame Catherine-Jeanne Icard, veuve et héritière de Pierre, marquis de Lort-Sérignan, dame haute moyenne et basse justicière de Farlet.

Jacques-Joseph-Augustin, comte de Lort-Sérignan, chevalier de Saint-Louis et novice des ordres de N.-D. de Mont-Carmel et de Saint-Lazare de Jérusalem, son fils.

Yriex-Pierre de Lansade (comte de Lansade), chevalier, Sgr de Jonquières, capitaine au régt de Vermandois.

Paul-François-Vincent de Fleury, chevalier, Sgr des bains de Rennes, Montferrant et Bézis, co-Sgr direct de Caux en ce diocèse, citoyen de Toulouse.

Henri-Etienne de Bonnet de Maureilhan, co-Sgr de Savignac, demeurant à Soupets, D. de Saint-Papoul,

François-Emmanuel de Carion de Nizas, baron de Roquesels.

Pierre-Balthazar de Lavit, Sgr haut justicier de Clairac et Gaujac, lieutenant de cavalerie au régt de la Reine, chevalier de Saint-Louis.

Dame Marguerite-Françoise de Lavit, veuve de Jean-Pierre de Solinhiac, baron de Magalas, chevalier de Saint-Louis, lieutenant colonel au régt de la Reine-cavalerie, dame du fief d'Espagnac.

Dame Félicité-Justine de Jarente, comtesse de Bausset, mère et légitime administratrice de ses enfants, Sgrs de Sauvian.

Joseph-Henri de Combettes de la Fajole, Sgr de Poujols, co-Sgr de Soubès, citoyen de Milhau.

Jean-Louis-Joseph-Henri, comte de La Serre d'Aroux, chevalier de Saint-

Lazare, ancien capitaine d'infanterie au régt d'Aunis, Sgr direct du fief de la Vernière ou Escaniès.

Pierre-Charles-Antoine de Neyrac, écuyer, Sgr du Cros, conseiller maître en la cour des comptes aides et finances de Montpellier.

Dame Marguerite Rigal, veuve de Henri de Ribes, dame en partie et avec toute justice de Lézignan la Cèbe et Usclas.

Pierre, comte de Vissec de Saint-Martin, baron d'Arboras, Sgr de Saint-Martin de Castries, chevalier de Saint-Louis.

Jean-Jacques-André de Fabre, chevalier, baron de Latude, Sgr de Saint-Michel, etc.

Louis-Raimond, chevalier de Jacomel, Sgr du fief de Saint-Marcel, dans le territoire de Mèze.

Anne-Jean-Jacques de Maistre de Roquessol, Sgr de Loubatières, dans le comté de Pézénas,

Barthélemy de Maistre de Roquessol, commandant du corps royal d'artillerie dans les places de Narbonne, Agde, fort Brescou, etc., chevalier de Saint-Louis, son père.

Jean-Joseph-Etienne de Raynaud des Pradels, Sgr de Monlebrous, dans le terroir de Fraisse, D. de Saint-Pons, et du fief de la Barthe.

Jean-Baptiste-Joseph de Jaquetz, Sgr en partie du fief de Verniol, ancien capitaine au corps de grenadiers de France, chevalier de Saint-Louis.

Jacques-Hercule de Jaquetz de Brey, Sgr d'Auriol ancien capitaine commandant au régt du duc d'Angoulême, chevalier de Saint-Louis.

Jean-André-César, marquis de Ginestous, Sgr de Madières, du mas Delpont, etc., chevalier de Saint-Louis, gouverneur et commandant pour le Roi des ville et viguerie du Vigan, lieutenant des maréchaux de France.

Joseph-François-Alexandre de Planque, Sgr de Fraisse, ancien capitaine au régt de Navarre, chevalier de Saint-Louis, lieutenant des maréchaux de France, citoyen de la Salvetat.

Pierre-Joseph-Marc-Antoine de Cabrol, Sgr du fief de Montarnaud, dans le terroir de Fraisse, ancien mousquetaire du Roi.

Marc Cabanes, Sgr de Puimisson, citoyen de Montpellier.

Guillaume d'Abbes, Sgr haut, moyen et bas justicier de Cabrerolles, la Liquière, Aigues-Vives, Lenthéric, etc., ancien conseiller correcteur en la chambre des comptes de Languedoc.

François-Antoine de Mayni, co-Sgr direct de la ville de Saint-Gervais.

Dame Catherine de Masclary, épouse d'Elie de Ledrier, lieutenant-colonel d'infanterie, dame de la Caumette.

Louis Redon de Comerac, Sgr de Saint-Frichoux père.

Paul-Protais Roergas de Serviez de Campredon, écuyer, Sgr des fiefs nobles de Serviez, Sadde, Truscas et Campredon, dans la terre d'Avesne, et d'un autre fief noble dans la vicomté de Nebuzon, citoyen de Saint-Gervais.

Louis de Vanières de la Lande, co-Sgr de Saint-Nazaire de Ladarès et Roquebrun.

Paul-François-Joseph de Bedos de Celles, Sgr direct de Caux.

Louis-François-Saturnin de Bedos, Sgr de Celles.

Charles-Jean-Baptiste de Gleises de la Blanque, chevalier, premier président et juge mage honoraire en la sénéchaussée et siége présidial de Béziers.

Henri du Mas, comte de Manse.

Pierre-Henri, marquis de Nattes, chevalier de Saint-Louis.

Jean-Guillaume Strozzi-Plantavit, comte de la Pauze, maréchal de camp.

Jean-Baptiste-Bernard de Lavit, lieutenant des maréchaux de France.

Henri-François-Marie de Pascal de Saint-Juéry, lieutenant colonel de cavalerie, chevalier de Saint-Louis, officier supérieur des gardes du corps de Monsieur.

Etienne de Mirman, ancien capitaine aux gardes lorraines, chevalier de Saint-Louis.

Guillaume-Jean-François de Bunis, citoyen de Béziers.

Etienne-Jean-Joseph de Catellan de Saint-Men, lieutenant des maréchaux de France.

Jean-Maurice de Forès, capitaine d'infanterie, chef de division des canonniers gardes côtes d'Agde, chevalier de Saint-Louis.

Jean-Jacques Fermaud de la Banquière, ancien lieutenant principal au sénéchal et présidial de Montpellier.

André-Charles de Lavit, Sgr et baron de Montégut, à Bédarieux.

Claude-Bérenger, vicomte de Nattes, ancien capitaine d'infanterie, chevalier de Saint-Lazare, lieutenant des maréchaux de France.

Pierre-Henri-Etienne de Nattes, capitaine au régt de Lorraine-infanterie, chevalier de Saint-Lazare.

Jacques-Robert-Jean-Baptiste de Barbier, capitaine au régt d'Aquitaine-infanterie.

Jean et Jean-Baptiste de Ferrouil de Montgaillard.

Guiraud de Christol, ancien capitaine d'infanterie garde côte.

Henri de Boudoul, citoyen de Pézenas.

Joseph-François de Lescure, citoyen de Puisserguier.

Jean-Antoine de Martin, citoyen de Clermont-Lodève.

François du Cup, Sgr d'Homps, citoyen de Bize.

Louis-Georges-Roch de Geoffroy, citoyen de Capestang.

Jean-Guillaume-Emmanuel de Varnière, citoyen de Caux.

Jean-François de Ricard-Bailhon, avocat au parlement, citoyen de Florensac.

Louis Redon de Comerac, citoyen de Quarante.

Louis-Joseph de Mayni de Madale, citoyen de Béziers.

Claude-Joseph de Laurès, citoyen de Gignac.

Louis-César de Lasserre (de la Serre) d'Aroux, chevalier de Saint- citoyen de Pézenas.

Guillaume-Raymond de Cassan, citoyen de Béziers.

Thomas-Joseph de Baderon de Maussac, citoyen de Béziers.

Joseph de Bonnefous, chevalier, capitaine commandant au régt de Vermandois, chevalier de Saint-Louis, Sgr de la ville de Frontignan, citoyen de Béziers.

Elie de Lédrier, lieutenant-colonel d'infanterie, citoyen de Béziers.

Jean-Baptiste de Milhé de Saint-Victor, Sgr direct de la ville de Cessenon, ancien capitaine au régt de Royal-Roussillon infanterie, chevalier de Saint-Louis.

Jacques-Joseph-Augustin comte de Lort Sérignan, citoyen de Pézenas.

Claude-Joseph de Moyria, chevalier de N. D. du Mont-Carmel et de Saint-Lazare, capitaine au régt de l'Isle de France, citoyen de Béziers.

Jean-François-Joseph de Moyria, citoyen de Béziers.

Henri-Joseph de Jessé, capitaine de cavalerie, citoyen de Béziers.

Marie-Jean-André-Maurice-Hyacinthe Le Sage d'Hauteroche, citoyen de Béziers.

Henri Dulac, écuyer, ancien conseiller secrétaire du Roi maison couronne de France en la chancellerie près la Cour des comptes, aides et finances de Montpellier, citoyen de Béziers.

Jean-Baptiste d'Embry, maître des comptes en la généralité de Montpellier, citoyen de la ville d'Agde.

Barthélemy-Roch de Milhé, citoyen de Cessenon.

David-André de Basset, chevalier, citoyen de Bédarrieux.

Jean-François-Etienne de Sarret, baron de Coussergues, capitaine de cavalerie au régt du Roi.

Charles-Louis de Bérard d'Alais, comte de Montalet, chevalier de Saint-Louis, ancien lieutenant des vaisseaux du Roi, citoyen de Béziers.

François de Bérard d'Alais, marquis de Montalet, chevalier, capitaine au bataillon de garnison de Languedoc, citoyen de Marseillan.

François, marquis de Vissec-Latude, capitaine d'infanterie, citoyen de Montagnac.

Jean-Thomas, marquis de Latude (Vissec), lieutenant au régt d'Orléans-dragons, citoyen de Montagnac.


*On donna défaut contre :*


Le duc de Fleury, pair de France, Sgr de Lespignan.

La marquise de Spinola, baronne de Murviel.

Le marquis de Villeneuve.

Le comte du Luc, Sgr de Castelnau de Guers.

Le baron de Nizas.

De Gaulejac, Sgr de Puissalicon.

Le marquis de Saint-Geniès.

Le marquis de Saint-Félix, Sgr de Faugères.

Le marquis de Saint-Maurice.

Le marquis de Lunas.

De Treil, Sgr de Pardailhan.

Le Sgr d'Avène.

# SÉNÉCHAUSSÉE DE MENDE.

*Procès-verbal de l'Assemblée générale des trois ordres.*

23 mars 1789.

(*Archiv. imp.*, B. III. 85, p. 309, 327-338; 359 361.)

Joseph-François Rivière, conseiller du roi, lieutenant général du Séné-chal de Gévaudan.

## NOBLESSE.

*Ont comparu en personne* (1) :

Le vicomte de Framond, ancien capitaine de cavalerie, chevalier de Saint-Louis, lieutenant des maréchaux de France, élu président.
Hélie-Hercule Randon de Mirandol, secrétaire.

*Commissaires pour la vérification des titres :*

Le baron de Framond, brigadier des armées du roi.
Le baron de Pages-Pourcarès.
Le comte d'Agulhac de Soulages.
Le marquis de Chateauneuf de Randon du Tournel.

Le comte d'Agulhac de Soulages.
Le chevalier d'Altès de Rouville.
Le marquis d'Apchier.
Le chevalier de Borrel.
Le marquis de Briges (Malbec).
Le vicomte de Brion.
Le comte de Capellis.
De Chambrun, baron de Montro-dat.
Le marquis de Chateauneuf-Ran-don.
De Cultures, père (Dumas).
De Cultures, fils.
Depuy-Montbrun.
D'Estremiac.
D'Eymar.
De Fages de Chaulnes.

Florit de Corsac (comte de Cor-sac.)
Le baron de Framond.
Le vicomte de Framond.
De Fressac (Lozeran.)
De Grolée de Virville.
De la Barthe-Limouze.
De la Barthe fils.
Le chevalier de la Barthe.
De la Colombesche.
Le chevalier de la Grange.
Langlade de Montgros.
Des Laubies père (Fustier.)
Des Laubies fils.
De la Vernède (de Saint-Frézal.)
De la Villestreux fils.
De Lescure.

(1) La liste que nous publions a été revue et collationnée sur la minute du procès-verbal. B. a. IV, 40.

Le chevalier de Leyrolle.
De Ligeac.
De Ligonnès d'Entil.
De Mabretton.
De Malaval.
Le chevalier de Malavieille.
De Marnhac aîné.
Le chevalier de Marnhac (Blelle).
Blelle de Marnhac.
De Marnhac.
Du Mazel (Parlier.)
De Miremont.
Le chevalier de Montcamp de Leyrolle.
De Montesquieu père (Brun).
De Montesquieu fils.
De Montruffet père (d'Imbert).
De Montruffet fils.

Le vicomte de Morangiés.
Moré de Charaix.
De Moriés.
Comte de Noyant (Aimex).
Le baron de Pages.
De Puigrenier.
Randon de la Roche.
Randon de Giraldes.
Randon de Mirandol.
Le marquis de Retz de Malavieille.
De Retz de Servières (Serviès).
De Sauvage de Servilanges.
Le vicomte de Seguin.
De Serviès père (Retz).
Le chevalier de Vébron.
De Vergèzes.
Du Villard.

*Électeurs représentés :*

Le comte d'Altier.
D'Antraigues.
Charles d'Apchier, comte de Vabres.
Blanquet de Rouville.
Mlle de Borrel de Saugères.
De Borrel.
Cazunces de Borrely, Sgr de Roque-Servière.
Mme de Boucharenc de Fabrèges.
Mme de Chapelain.
Du Chastel, Sgr de Servières.
De Condres (Chastel).
Du Cros-Papon.
Dalbière de la Champ.
Desmolles de Saint-Germain.
Dame Louise Eymar.
Fabre de Montvaillant
De Fages, Sgr de Chaulnes.
De Falcon de Longevialle.
Fayet de Chabannes.
De Fontaine de Laugères du Mazel).
Fraissinet de Valady (Yzarn).
De Gransaignes.
De Grolée de Saint-Etienne.
Guin de la Roche.
D'Imbert, Sgr de Blavignac

Jacquemond du Mouschet.
De Jurquet de Montjézieu.
Mme de la Garde de Chambonas, veuve de Lastic.
La dame de Lande, veuve de M. de Jolimar.
Mme de la Rochenégly.
De la Roquette.
Mme de Launay, veuve de M. de Chateauneuf-Randon.
Lévêque de Couserans.
Mme de Ligonnès.
De Mialhet Sgr de Bessettes.
De Miremont père.
De Montcalm-Gozon.
Montjoc de Briges.
De Moré de la Fage.
Le marquis de Mostuéjouls.
De Narbonne.
De Paraza.
Parlier la Roque Sgr du Mazel.
De Renard de Montgros.
Le comte de Retz.
Le comte de Rochefort.
Le marquis de Roquelaure.
Roquier de la Valette.
Le comte du Roure.
Mme de Salles.

Sarrazin de la Devèze.
De Sauveplane.
De Seguin, marquis de Reyniès père.
Etienne-Trophime de Seguin.
De Serrières de Clozensac, Sgr de Masaribal, frère de M. de Mabretton.

Tardieu de la Barthe, prêtre.
De Trouillas.
Mlle de Trulles de Saint-Romand.
Ignace-Augustin Valette des Hermeaux.
Alexis de Valette des Hermeaux.
De Volonzac de Malespine.

*On donna défaut contre :*

De Bedos, Sgr de Prades.
Mme la duchesse de Biron.
Blanquet, Sgr de Combelles.
De Bouscharenc, Sgr de Chaumels.
La baronne de Cadoule.
De Chabanon.
Chapel d'Espinassous.
De Charpal, Sgr de Badious.
Domangeville.
Dupin, Sgr de Nozières.
De Fontenilles.
De Gelly.
D'Hombret.
De Joudan.
De la Salle.
De la Villestreux, père.

De Ligonnès, Sgr de Tremouil.
De Maillan.
Le comte de Morangiès.
De Nogaret.
De Perié.
Le comte de Peyre.
De Plantier.
De Polastron de Saillant.
De Pourcarès.
De Randon.
Mme de Ribes.
De Roqueval (de Fabre).
De Saint-Martin.
La comtesse de Saint-Paul.
De Saletot de Picard.
De Sasselange.
Mlle de Sauvages.

*Commissaires nommés pour la rédaction du cahier des doléances.*

Le marquis d'Apchier.
Le comte de Capellis.
Le comte de Briges.
Le comte de Soulages.
Le marquis de Chateauneuf.
De Saint-Denis.
De Chataignier.

Le baron de Framond.
Le vicomte de Chambrun.
Le comte de Noyant Aymar.
Le baron de Pages.
De Retz.
De Puigrenier.
Le comte de Corsac.

# SÉNÉCHAUSSÉE DE MONTPELLIER.

*Procès-verbal de l'Assemblée générale des trois ordres* (1).

16 mars 1789.

(*Archiv. imp.* D. III, 92 p. 195. 211-216 ; 336-379.)

Noble Jacques de Barthez, lieutenant général en la Sénéchaussée, juge mage, présidant l'assemblée en l'absence de M. le duc de Castries, sénéchal.

Jacques Vidal, conseiller du Roi, greffier en chef du Sénéchal Présidial.

## NOBLESSE.

*États des membres présents en personne :*

Charles-Michel-Jean-Louis-Toussaint d'Aigrefeuille, Sgr de Caunelles et de la Fosse, chevalier, conseiller du Roi en ses conseils, son procureur général en la cour des comptes, aides et finances de Montpellier.

Jean-Joseph d'Albenas, chevalier.

Martin-César Astruc, chevalier, conseiller du roi, président trésorier, grand voyer de France, général des finances, intendant des domaines en la généralité de Montpellier et des gabelles du Languedoc.

Jean-Pierre-Antoine Aurès, chevalier, conseiller du Roi en ses conseils, président en la Cour des comptes, aides et finances de Montpellier.

Augustin-Balthazar de Balestrier, officier d'infanterie.

Louis-Toussaint de Balestrier, capitaine des canonniers gardes-côtes.

Jean Banal père, chevalier, conseiller du roi, auditeur en la chambre des comptes.

Jacques-Augustin Banal fils.

Jean-Joseph-Martin de Barbeyrac de Saint-Maurice, capitaine au régt de Vivarais, écuyer de Madame, comtesse d'Artois, Sgr du fief de Journiac, D. de Béziers.

Joseph-Henri de Barbeyrac de Saint-Maurice de Saint-Aunès, officier au régt de Vivarais.

Louis de Bauni, ancien capitaine d'infanterie.

Etienne-Charles de Bornier de Ribalte, lieutenant des maréchaux de

(1) La liste que nous publions a été revue et collationnée sur le procès-verbal de l'Assemblée de la noblesse imprimé à Montpellier chez Jean Martel aîné, imprimeur du roi et de l'ordre de la noblesse, 1789. — Une expédition du procès-verbal des opérations de l'Ordre de la noblesse, fut déposée aux minutes de Me Vezian, notaire, en vertu d'une délibération spéciale prise dans la séance du 19 mars.

France, ancien capitaine au régt de Beaujolais, chevalier de Saint-Louis.

Jean-Louis-Charles de Bornier de Ribalte, capitaine commandant au régt de Beaujolais, chevalier de Saint-Louis.

Jean-Marie-Emmanuel de Bosquat, chevalier, conseiller en la Cour des comptes, aides et finances.

Marie-Fulcrand de Bosquat fils, chevalier.

Louis de Bousquet, Sgr de Riboyre, Figaret, etc., co-Sgr de la ville de Saint-Hippolyte.

Jacques-Joseph de Boussairolles fils.

Jacques-Joseph de Boussairolles, Sgr de la Mogère, la Moure et du Bourg, chevalier, conseiller en la Cour des comptes aides et finances.

Alexandre Brondel de Roquevaire, baron de Fabrégues, Sgr de Mujolan.

Pierre-François Brun, écuyer.

Charles-Joseph, comte de Cadolle, chevalier, marquis de Durfort, co-Sgr en paréage avec le roi de la ville de Lunel.

Marie-Joseph-Etienne-Daniel de Calmels du Gazel du Lavion, chevalier de Saint-Louis.

Jean-Jacques-Régis de Cambacérès, chevalier, conseiller en la cour des comptes aides et finances.

Jean-Théodore de Campan, chevalier, capitaine au régt d'Anjou.

Bernard de Campan, chevalier, avocat du roi en la sénéchaussée et siége présidial.

Louis de Castelviel, chevalier.

Antoine de Castelviel, chevalier.

Pierre-Augustin de Chazelles, chevalier, comte de Chazelles, Chusclan, Sgr de Sausse, Marthan, Saint-Emery, Luc, etc., conseiller en la cour des comptes, aides et finances.

Pierre-Maurice-Hilaire de Claris, Sgr de Saint-Felix, Saint-Guiraud, Rabieux, etc., chevalier, conseiller du roi en ses conseils, président en la cour des comptes, aides et finances, premier président en survivance.

Noël Daru, écuyer.

Jean-François-Xavier Daudé, chevalier, vicomte d'Alzon, baron du Pouget.

Jean-François Delpuech, marquis de Comeiras, lieutenant-général des armées du roi, gouverneur de Saint-Hippolyte.

Philippe-César Delpuech de Comeiras de Puech de Mars, chevalier, premier capitaine commandant des chasseurs à pied au régt des chasseurs des Cévennes, chevalier de Saint-Louis.

Jean-Paul Delpuech de la Nible, Sgr du Puech de la Nible.

Daniel-Bertrand Deydé, Sgr de Gremian, Saint-Michel et Jallargues, la Roque-Saint-Laurent, Gavach et Puylaché, lieutenant pour S. M. dans la province de Languedoc au département du Gévaudan.

Jacques-Gabriel Deydier, écuyer.

Pierre-Scipion Domergue, neveu, écuyer.

Louis-Philippe Duchol de Signac, chevalier, ancien capitaine d'infanterie.

Louis-Marie Durranc de Vézenobre, Sgr de Sauve.

Jacques-Louis Durranc de Vibrac, chevalier, Sgr de Saint-Martin de

Saussenac, Saint-Jean de Crieulon, Saint-Nazaire des Gardies, etc.

Jean-Jacques-Philippe-Marie Duvidal, chevalier, marquis de Montferrier et de Baillarguet, Sgr de Saint-Clément de Rivière.

Jean-Jacques Fesquet, chevalier, conseiller en la Cour des comptes, aides et finances.

Philippe-Antoine de Galière, marquis de Fontès, Sgr de Ceilles, Carlincas, Saint-Martin, Maders-Caboyères, Saint-Félix, Pomassargues, chevalier, conseiller en la Cour des comptes, aides et finances.

Louis-François Garnier de Laval, chef d'escadron au régt des chasseurs de Bretagne.

Antoine-Joseph de Gévaudan, chevalier de Saint-Louis, major des ville et citadelle de Montpellier.

Antoine-Joseph de Gevaudan, chevalier, ancien chevau-léger de la garde ordinaire du Roi, Sgr de Vilblain, Rocque-Rouge et d'Horles.

Eugène-François-Louis-Anne de Ginestous, baron de la Liquisse, Sgr du Causse de la Celle, capitaine de cavalerie.

Aphrodise-Honoré de Girard, chevalier de Saint-Louis.

De Girard d'Olivet.

Sébastien de Girard, Sgr d'Olivet.

Martin de Girard, Sgr de Rouquet.

Louis-Florent de Girard, garde du corps du Roi.

Joseph-Marie de Girard, Sgr de Lauret, co-Sgr de Valflaunès, Saint-Mathieu de Tréviés, etc.

Louis de Girard Dulac.

Pierre de Girard, chevalier.

François de Girard, capitaine d'infanterie.

André-Balthazar de Grasset, écuyer, conseiller en la sénéchaussée et siège présidial.

Vincent-Ferrier de Grasset, chevalier, officier d'infanterie.

Jean-François Gros, Sgr de Besplas, chevalier, conseiller d'Etat, président en la Cour des comptes, aides et finances.

Claude Gros de Besplas, chevalier de Saint-Louis, capitaine d'artillerie.

Etienne de Guilleminet, chevalier, co-Sgr haut justicier de Busignargues et Gallargues, Sgr direct du fief de Saint-Jaumes, sénéchaussée de Montpellier.

Charles-Philippe de Gumpertz, chevalier de Saint-Louis, capitaine de la Légion royale.

Jean-Antoine Hostalier, chevalier, conseiller en la Cour des comptes, aides et finances.

Jean-Louis de Juges, écuyer.

Joseph de Julien, comte de Vinezac, marquis de la Roquette, baron de Peguerolles et Buèges, Sgr de Viols-le-Fort, Viols-en-Laval, Cambous, Saint-Jean et Saint-André de Buèges, du Causse-haut de la Celle, Fabrègues, Saugras, le Coulet, chevalier de Saint-Louis.

Mathieu, comte de Julien, chevalier de Vinezac, ancien capitaine du régt de la Couronne, chevalier de Saint-Louis, commandant pour le Roi à Issirac, élu président de l'ordre de la Noblesse.

Jacques-Joseph de la Meunière de la Monie, lieutenant des maréchaux de France.

Pierre, comte de Lansade, Sgr de Jonquières, capitaine au régt de Vermandois, chevalier de Saint-Lazare.

Jacques-Jérôme de la Roque.

Henry de Lalis, chevalier, marquis d'Entraigues, ancien ministre plénipotentiaire du Roi dans les cours étrangères.

Joseph de Lauvergnac, chevalier, Sgr de Cros, Coupiac, Lablatières, etc., chevalier de Saint-Louis, ancien chef d'escadron au régt d'Orléans-cavalerie.

Augustin-Charles-Louis Leblanc, chevalier, Sgr de Saint-Clément.

Jean-Baptiste-François Lemonnier de Sombremart, ancien capitaine au régt de Navarre.

Jean de Lisle, chevalier, ancien officier au régt d'infanterie de Penthièvre.

Jacques-François-Jérôme de Loys, chevalier, président-trésorier de France.

Jean-Jérôme de Loys fils, officier au régt d'Aquitaine.

Louis-Antoine-Guillaume de Malbois, officier du génie.

François Marguerit, écuyer.

Durand-Eustache-Pierre-Jacques Martin de Choisy écuyer.

Jean-Paul-Amédée de Masclary, Sgr de Boirargues, chevalier, conseiller en la cour des comptes, aides et finances.

Thomas-Marie-Catherine de Masclary fils, capitaine de cavalerie au régt de Royal Champagne.

Etienne-Antoine de Massilian, chevalier de Saint-Louis, major des vaisseaux.

Laurent-Etienne-Joseph de Maury de la Peyrouse, chevalier, Sgr de Percirol, co-Sgr de la ville de Saint-Hippolyte et son territoire, secrétaire de l'Ordre.

Etienne-Laurent-Jean de Mazade, marquis d'Avèze.

Joseph-Elisabeth de Melon, Sgr de Capon et la Motte.

Charles-Joseph-Marie de Montlaur de Murles, (Cambacérès), chevalier, capitaine au régt de Mestre de camp-général de la cavalerie.

Dominique-Marie de Montlaur de Murles (Cambacérès), chevalier.

Etienne-Charles de Montlaur de Murles (Cambacérès), chevalier, capitaine d'infanterie.

Jean-Charles de Montlaur de Saugras (Cambacérès), chevalier.

Joseph-Philibert Mouton de Buzarin, chevalier, conseiller au présidial.

Jean-Jacques Mouton de la Clotte, Sgr de la Clotte, Assas et Saint-Vincent, chevalier, conseiller du Roi en ses conseils, président en la cour des comptes, aides et finances.

François Pas, baron de Beaulieu, chevalier, conseiller en la cour des comptes, aides et finances.

Pierre-Etienne Pas de Beaulieu.

Louis-François-Bruno Pas de Beaulieu, chevalier de Saint-Louis, lieutenant des vaisseaux.

Louis-Henri de Pascal, baron de Faugères, chevalier de Saint-Louis, ancien officier des vaisseaux du Roi.

Isaac-Louis-Pierre de Paul, chevalier.

Louis-Eustache de Paul fils, chevalier.

Jean-Jacques de Payen, écuyer.

Jean-Pierre de Payen, écuyer.

Jean-Etienne de Pepin, chevalier, Sgr de Manoblet, colonel au service de Leurs Hautes puissances les Etats de Hollande.

Gaspard-René de Perdrix, chevalier, conseiller en la Cour des comptes, aides et finances.

Etienne-Gaspard de Plantade, chevalier, conseiller en la Cour des comptes, aides et finances.

Jacques de Poitevin, écuyer, Sgr de Mezouls, Fabre, Cavignan, le Bousquet, etc.

Pierre-Augustin de Poitevin, conseiller du roi, auditeur en la chambre des comptes.

Jean Ranchin de Massia, chevalier de Saint-Louis, adjoint à la Majorité d'Avesnes-Hainaut.

Jean Ranchin de Massia, ancien capitaine au régt de Navarre.

Etienne-Hyacinthe de Ratte, chevalier, conseiller en la Cour des comptes, aides et finances.

Joseph-Guitard de Ratte, chevalier, Sgr de Montmairés.

Barthélemy de Roux, ancien officier d'infanterie.

Antoine-Adrien-Thomas de Sage d'Auteroche, comte d'Hulst, Sgr de Boisseron, capitaine de dragons.

Jean-François-Antoine de Serres, chevalier, conseiller du roi, président en la Cour des comptes, aides et finances, lieutenant des maréchaux de France en ladite sénéchaussée, chevalier de Saint-Louis.

Jean-René-Marie de Solas, chevalier, Sgr de Grabels, Combaillaux, etc., conseiller en la Cour des comptes, aides et finances.

Jean-David de Tourtoulon, chevalier, Sgr de Valobscure, Soudorgues, Saint-Martin, Lafabrègue, baron de la Salle.

Alexandre-Grégoire de Vichet, président-trésorier de France de la Généralité de Montpellier, co-Sgr direct aux lieux de Murviel et de Balaruc.

Pierre de Vignolles de la Farelle, écuyer.

Pierre de Vissec, comte de la Tude, Sgr de Vissec, de Saint-Martin et d'Arboras, chevalier de Saint-Louis.

### Etat des procurations :

Renée d'Arnaud, marquise de Bernis, baronne de Paulhian ; — représentée par M. de Ratte, conseiller à la Cour des aides.

Pierre d'Aunant, écuyer, Sgr de Serignac ; — de Pepin de Manoblet.

Pierre-Melchior d'Azemar (d'Adhémar), chevalier, Sgr de Saint-Jean de Ceirargues, D. d'Uzès et de Teillan, D. de Nîmes ; — de Bornier de Ribalte, lieutenant des maréchaux de France.

Charles-Bernard de Ballainvilliers, chevalier, ancien avocat du Roi au Châtelet de Paris, conseiller du Roi en tous ses conseils, maître des requêtes ordinaire de son hôtel, intendant de justice, police et finances de la province de Languedoc, Sgr du marquisat de Saint-Hilaire, etc.; — le marquis d'Entraigues.

Charles-Marie de Barbeyrac, marquis de Saint-Maurice, Sgr de Saint-Aunès, le Ranc, etc.; — le chevalier de Saint-Maurice de Journiac, son frère.

François, des comtes de Baschi, marquis de Baschi, baron du Cailar,
comte en partie de Vauvert, Sgr de la tour d'Anglas, etc.; — de Cambacérès, conseiller à la Cour des aides.

Gabrielle-Pauline, des comtes de Baschi du Cailar, marquise de Pignan,
Saussan, Valostes et dépendances, dame du fief de Maureilhan, situé
dans la ville de Mauguio, épouse non commune en biens de Jean-
Louis, vicomte de Lostanges; — de Guilleminet.

Joseph-Philibert de Belleval, chevalier, conseiller du Roi, président
honoraire en la Cour des comptes, aides et finances, Sgr de la Piscine;
— de Perdrix, conseiller à la Cour des aides.

Raymond-François-Honoré Benezech, Sgr du fief de Saint-Honoré, capitaine du génie; — le chevalier de Girard.

Louis Béranger de Caladon de Vernes, chevalier, maître des biens do-
taux de dame Jeanne-Constance Bresson, son épouse, et en cette
qualité Sgr de Lavesque; — de Lauvergnac.

Jean-Pierre de Bousquet, Sgr de Florian; — Louis de Bousquet, son
frère.

Henri-Marie-Amable, marquis de Cambis, Sgr de Lantissargues, chevalier de Saint-Louis, ancien colonel de dragons au service de France,
commandant l'infanterie à Avignon; — de Masclary fils.

Louis-Victorien de Castillon, mestre de camp de dragons, chevalier,
marquis de Saint-Victor, Sgr d'Aumelas, Saint-Paul, etc.; — le président de Serres.

Jeanne-Antoinette-Yolande de Chicoyneau, veuve de Jean Pas, baron
de Beaulieu, conseiller en la Cour des comptes, aides et finances;
— le chevalier de Beaulieu, son petit-fils.

Louise-Marguerite de Cornier, épouse de Jacques de Beze, chevalier,
ancien capitaine d'infanterie, chevalier de Saint-Louis, co-Sgr du
territoire de Saint-Hippolyte; — de Comeiras de Puech de Mars.

Marguerite-Françoise Dardoin, épouse de Simon-Pierre de Vergèses,
chevalier, Sgr d'Aubussargues, Montalès, Massargues, Cassagnoles,
Rocheblave, etc., ladite dame Sgresse du château du Patron et terre
de Cadoule, dans la sénéchaussée de Montpellier; — de Cambacérès,
conseiller à la Cour des aides.

Pierre-Scipion Domergue, écuyer; — Domergue, son neveu.

Jean-François Durrane de Vibrac, chevalier; — le chevalier d'Albenas.

Jean-Marie-Henri de Faret, comte de Faret, marquis de Fournès, colonel commandant du régt Royal-Champagne-cavalerie, sénéchal
d'épée de Beaucaire et de Nîmes, Sgr de Baucels et Césas; — de
Tourtoulon, baron de La Salle.

Clément de Favantine de la Condamine, Sgr de Luc et de Saint-Vin-
centian; — de la Peyrouse.

Denis-Victor Focras de la Neufville, ancien capitaine d'infanterie, lieutenant des maréchaux de France, Sgr de Cornujols et d'Adissan; —
Leblanc.

Jean-André-César, marquis de Ginestous, Sgr du marquisat de
Cemon, Pouchonet, Rogues, Madières, du mas Delpon, Lafoux de
Nage et la Sauvie, chevalier de Saint-Louis, gouverneur et commandant pour le Roi des ville et viguerie du Vigan, lieutenant des maréchaux de France; — de Vissec de Saint-Martin.

George de Girard, ancien capitaine de cavalerie, chevalier de Saint-Louis, co-Sgr de Conqueirac ; — de Girard de Lauret.

Louis de Girard, chevalier, Sgr de Costemale, Soucanton, Vézenobre, etc.; — le chevalier de Girard, officier d'infanterie, son frère.

Marie-Bernardine de Gontaut-Biron, dame pour accompagner Madame Adélaïde de France, épouse de Philippe-Maurice de Vissec, marquis de Ganges ; — de Vissec de Saint-Martin.

Marie-Anne-Thérèse de Grave, comtesse de Grave, dame du marquisat de Solas, veuve de François, comte de Grave, Sgr de Durfort et de Combebelle, lieutenant-général des armées du roi, commandeur de l'ordre de Saint-Louis ; — de Solas, conseiller à la Cour des aides.

Françoise-Mathurine de Guignard de Saint-Priest, veuve et héritière d'Antoine-Marie d'Ax, marquis d'Axat, d'Arligues, Cayla, Vegsa et dépendances, au D. d'Aleth, comte de Montpeiroux, baron des Deux-Vierges et Sgr de la Garrigue, D. de Lodève, baron de Saint-Félix de Palières, D. d'Alais, Sgr des Gardies, D. de Nîmes ; — le marquis d'Entraigues.

Jeanne-Marie-Emilie de Guignard de Saint-Priest, veuve et héritière de Thomas-Marie de Bocaud, chevalier non profès de l'ordre de Saint-Jean de Jérusalem, Sgr de Teyran, Jacou, Clapiers ; — de Masclary fils.

Pierre-Laurent de Joubert, chevalier, baron de Sommières et de Montredon, Sgr du bois du comte, dit du Bosc et autres fiefs dans le comté de Mauguio ; trésorier des Etats de Languedoc ; — le chevalier de Ratte.

Françoise de Julien de Vinezac, veuve et héritière grevée de Jacques-Jean-Elisabeth de Brignac, marquis de Montarnaud, baron dudit lieu, Sgr de Latour, etc. ; — le chevalier de Vinezac, son oncle.

Anne-Lamberte-Gabrielle de la Croix de Candillargues et Sainte-Colombe ; — le baron de Faugères.

Armand-Charles-Augustin de la Croix, duc de Castries, maréchal de camp, lieutenant-général de la province de Lyonnais, Bresse et Beaujolais, etc., baron des Etats de Languedoc, baron de Castelnau, le Crès, Salaison, Sgr de Saint-Geniès, Saint-Brès, Figaret, Saint-Jean de Corgnes, etc.; — le baron de Faugères.

Françoise-Mélanie de la Fare, marquise de Villevieille, dame de Pompignan, Mirabel et Leyrac ; — de la Monie.

Pierre-Laurent-Joseph de la Vergne-Montbazin, marquis de Montbazin, capitaine au régt de cavalerie d'Orléans; — le chevalier de Saint-Maurice de Journiac.

André-César de Malbois, chevalier, ancien conseiller du Roi, maître des Requêtes de l'hôtel, ancien avocat-général au parlement de Toulouse, Sgr de Poussan et Gigean ; — de Malbois, son frère.

Charles de Manoel, Sgr d'Algues, Toiras et Claret ; — Pepin de Manoblet.

Jean-Hyacinthe-Gabriel-Chrysostome de Mirman, Sgr de Saint-Georges; — Leblanc.

Charles-Joseph de Montlaur de Murles (Cambacérès), Sgr de Murles, Vailhauqués, Restinclières, Prades, la Tour-du-Pin, etc. ; — de Murles, son fils.

Jacques Mouton, Sgr de la Clotte, Assas, Saint-Vincent, etc., conseiller en la Cour des comptes, aides et finances; — le président de la Clotte, son fils.

La dame veuve d'Anne-Joseph de Murat de Nogaret, chevalier, marquis de Calvisson, baron des Etats de Languedoc, Sgr de Marsillargues, Saint-Julien de Cornilhac, Desports, Tamerlet, etc., héritière usufruitière dudit marquis de Calvisson, mère et légitime administreresse des biens de son fils; — le marquis de Comeiras.

François-Raymond de Narbonne-Pelet, vicomte de Narbonne, comte de Fontanès, baron de Combas et de Montmirat, Crespian, Vic et Cannes, Moulezan, Montagnac, Maurissargues, etc., lieutenant-général des armées du Roi, gouverneur de Sommières; — de Tourtoulon, baron de la Salle.

Jean-Antoine d'Olivier, chevalier de Saint-Louis, Sgr du Merlet, Sgr justicier et direct du quartier appelé Palière ou Pallierou, Lale, la Rode, Bijoune, mas d'Arnaud, la Ferrière, etc.; — de Bauni.

Jean-Jacques d'Ortoman, chevalier de Saint-Louis, capitaine au régt de de Bourgogne-infanterie; — de Poitevin de Mezouls.

Daniel-Gaspard de Pellet, ancien capitaine d'infanterie, chevalier de Saint-Louis, administrateur des biens de son petit-fils, Sgr de Saint-Etienne de Comiac, la Rouvière, Langrian, etc.; — le président de Serres.

Etienne-François de Portalès, chevalier de Saint-Louis, marquis de Vignolles, Sgr de Cournonterral, Saint-On, Antonègre, etc.; — de Perdrix.

Marie Reynaud, veuve de M. de Soubeyran, dame de Vic et de Maurilhan; — de Fesquet, conseiller à la Cour des aides.

De Roquefeuil, frère et sœurs, Sgr et dames de Doscares; — de Melon.

Jeanne-Marie-Henriette-Magdeleine de Roquefeuil, épouse de Jean-Baptiste-Pierre d'Astouaud, marquis de Murs, habitante de Montpellier, dame de Londres, Brissac, Ferrières, etc.; — de Ratte, conseiller à la Cour des aides.

Jean-Laurent Rouzier, Sgr de Souvignargues, de Saint-Etienne d'Escate, chevalier, conseiller du Roi en ses conseils, président honoraire en la Cour des aides; — de Guilleminet.

Marie-Anne-Angélique-Antoinette de Scintaurant, veuve d'Antoine de Barbeyrac, marquis de Saint-Maurice, dame de Cazalis, Sainte-Cécile, Cournonterral, etc.; — le chevalier de Saint-Maurice de Saint-Aunès, son fils.

Marie-Françoise de Sarret, veuve de Charles-Alexandre de Vissec, marquis de Ganges, baron des Etats de Languedoc, dame de Saint-Laurent, de la Baume, Saint-Roman de Codières, de Cazillac et du Fesquet; — le président de Claris.

Emmanuel-François, comte d'Urre, marquis d'Aubaïs, baron de Capendu, Sgr de Junas et en partie de Sommières; — le chevalier de Ratte.

Jean-André Vassal, Sgr de la Fortelle, Nesle, Comeaux, Vichebourg, Bourg, Beaudoin, Saint-Jean de Vedas, chevalier, conseiller du Roi, receveur général des finances de la généralité d'Auvergne, lieutenant ordinaire de la grande vénerie du Roi; — le chevalier de Beaulieu.

Marie-Rose de Vassal, marquise de Montferrier, douairière, dame de Carescausse et de Latour ; — le marquis de Montferrier, son fils.
Joseph-Gabriel-Raymond Villardi de Quinson-Dufaur, chevalier, marquis de Montlaur, co-Sgr de la baronie de Montredon, Sgr direct dans la ville et territoire de Sommières ; — le comte de Ginestous.
Françoise de Villardi de Quinson-Dufaur, veuve de François-Armand de Ginestous, chevalier, baron de la Liquisse, Sgr du Causse de la Celle, etc., dame de Caveirac, d'Ortonovre, en partie de Mauguio, Saint-Aunès et Mudaison ; — le comte de Ginestous, son fils.
Louis-Alexandre de Vissec, comte de Ganges, marquis de Ginestous, maréchal de camp ; — de Lauvergnac.

---

# SÉNÉCHAUSSÉE DE BEAUCAIRE ET DE NIMES.

*Procès-verbal de l'Assemblée générale des trois ordres* (1),

17 mars 1789.

*(Archiv. imp.*, B. III. 96. p. 244, 332-345 ; 589-625.)

Jules-Marie-Henri de Faret, comte de Faret, marquis de Fournès, colonel du régt de Royal-Champagne-cavalerie, Sgr de Saint-Privat du Gard, Saint-Jean de Maruéjols, etc., conseiller du roi en ses conseils, grand sénéchal d'épée de Beaucaire et de Nimes, président.
Claude-François-Henry de Brunel, écuyer, Sgr de la Bruyère, etc., procureur du Roi en ladite sénéchaussée.
Jean Rigal, avocat et greffier en la sénéchaussée.

## NOBLESSE.

Jean-Mathieu d'Aigalliers, écuyer.
D'Aigalliers de Jovi.
Charles, comte d'Agoult, capitaine de vaisseau, chevalier de Saint-Louis, Sgr d'Arpaillargues, etc.
Jean-Baptiste-Charles d'Agrain des Hubaz, chevalier, Sgr baron d'Elze, Ballons, Sgr dominant de la ville des Vans, Naves et son mandement.
Louis-Alexandre, baron d'Albignac, maréchal de camp.
— Dalbon (d'Albon).
Jean-Marie-Antoine-André d'Alizon, écuyer.

(1) La liste que nous publions a été revue et corrigée sur le procès-verbal de l'assemblée particulière de la Noblesse déposé aux archives de la préfecture du Gard à Nimes.

Antoine Allut.

Jean-Baptiste-Joseph d'Amphonx, Sgr de Pierredon, lieutenant des vaisseaux du roi.

Jean-Baptiste d'André de Montfort, chevalier, Sgr de Beluze, le Viala, Sainte-Croix de Caderles, Prades, etc., ancien mousquetaire de la garde du roi.

— D'Arnal, Sgr de Serres, capitaine d'infanterie.

— Gaspard-Anne d'Arnaud de Valabris.

Jean-Charles-Marie, marquis d'Assas, capitaine au régt Royal-Roussillon-cavalerie.

— François, baron d'Assas, chevalier de Saint-Louis.

Jacques-François d'Assas, Sgr de Montdardier, ancien capitaine de cavalerie, chevalier de Saint-Louis.

François Aubry, chevalier, capitaine d'artillerie.

Jean-François d'Autun, Sgr de Masandriou.

Jacques Devroles (d'Ayroles) de Pomier.

Pierre-Melchior d'Azemar (d'Adhémar), chevalier, Sgr de Saint-Jean de Ceirargues, Teillan, etc.

— Le comte de Banne d'Avéjan, chevalier, marquis, baron et Sgr dudit lieu d'Avéjan.

De Barbier, comte de Rochefort.

— Dame Marie-Jeanne-Magdelaine de Bardy, baronne de la ville d'Anduze, épouse de Daniel Hostalier.

Charles-Emmanuel de Bargetton, brigadier des armées navales, chevalier de Saint-Louis.

Le chevalier de Baudan.

— Maurice-Louis de Baudan, Sgr de la Boissière.

Jean-François de Beaumont de Barras, capitaine réformé au régt d'Aquitaine, Sgr de la Barthalasse.

Jean de Béranger de Caladon, Sgr de Mialet, etc.

Le marquis de Béranger de Caladon.

Henri de Béranger de Caladon, Sgr de la Nuège, etc.

— Jean-Pierre de Béranger de Caladon, Sgr direct du Vigan, Avèze, Moliers, etc.

Jacques-Marcelin-Denis de Bérard, vicomte d'Alais, marquis de Montalet, baron de Rousson, Portes, Sgr de Potelières, etc.

— De Béringuier de la Fayolle.

— Bernard de Boutonnet.

— Dame de Bertrand, veuve de Jean de la Vallète, possédant le fief noble d'Estel.

Etienne-Louis de Besson, lieutenant au régt de Limousin-infanterie.

Louis de Boileau-Castelnau de Montredon.

— De Boileau de Castelnau, son neveu.

— Boisson de Bagard, Sgr de Bagard.

— François-Guillaume de Bragouze Saint-Sauveur, Sgr dudit lieu, Villemagne, etc., major au régt de Navarre-infanterie.

Charles-François-Ferdinand de Broches de Vaulx, ancien mousquetaire de la garde du Roi, co-Sgr direct de la ville de Bagnols.

Louis de Broches, chevalier de Cruviers.

André-François de Broche Descombes, ancien capitaine d'infanterie, chevalier de Saint-Louis.

Louis-Marianne de Broche, chevalier de Saint-André, officier au régt de Vermandois.

— Mathieu de Broches, chevalier, Sgr de Saint-André, les Barbusses, Cabrillac, etc.

Gabriel-François de Brueys, chevalier, ancien major du régt d'Angoumois, chevalier de Saint-Louis.

— Gabriel de Brueys, baron d'Aigalliers, père.

François de Brueys, capitaine au régt d'Angoumois.

Gabriel-François de Brueys, chevalier, ancien major du régt d'Angoumois, chevalier de Saint-Louis.

Charles-Prudent de Bruneau d'Ornac, Sgr de Verfeuil, de Saint-André d'Olérargues et de Cadignac, ancien capitaine au régt de Navarre-infanterie.

Claude-François-Fleuri de Brunel, Sgr de la Bruyère.

Jean-Antoine Cabaud (Cabot) de Dampmartin, chevalier de Saint-Louis commandant pour le Roi à Uzès et Saint-Ambroix.

Louis-François-Joseph de Cadouane (Cadoine), comte de Gabriac, Sgr de Saint-Paulet de Caisson, ancien mousquetaire de la première compagnie de la garde ordinaire du Roi.

Louis-François de Calvière, baron de Boissière et la Grand-Cassagne.

— Le comte de Calvière.

— Charles-François, comte de Cambis, chevalier de Saint-Louis et de Cincinnatus, Sgr de Lezan.

— Jacques-Xavier-Régis-Ignace, vicomte de Cambis, lieutenant-général des armées du Roi, gouverneur de Navarreins, commandant en la province de Languedoc, Sgr d'Orsan.

Jean-Baptiste Carme de Labruyère (de Labruguière), chevalier de Saint-Louis.

Pierre-Louis de Carrière,

— Claude de Carrière, chevalier, Sgr de Masmolène, en partie de Saint-Quentin, etc.

— La dame de Castelnau (Boileau).

— Le maréchal de Castries (Charles-Eugène-Gabriel de la Croix).

Ponce-Roger-Joseph de Catellan, chevalier non profès de l'ordre de Malte, ancien capitaine au régt de Bourbonnais.

— Augustin-Claude-Maurice de Catellan, son frère, Sgr de Tavel.

— François de Causse de Vallongue, chevalier, Sgr de Vallongue et Gajan.

— Claude-Antoine-Marie de Chapelain, Sgr de Trouillas, etc.

Jean-Pierre-Alexis de Chasteignier, chevalier de Lagrange, capitaine au régt de Lorraine.

— Jean-Alexis de Chasteignier, chevalier, Sgr de Lagrange, son frère.

— Dame Pauline du Chayla, veuve de Joseph de Louet de Murat-Nogaret, chevalier, marquis de Calvisson.

— Pierre-Augustin de Chazelles, comte de Chazelles-Chusclan, Sgr de Sausse, Saint-Médéric, etc.

Jean-François du Cluzeau de Chabreuil, chevalier de Saint-Louis, capitaine au régt de la Reine.

— Le marquis de Coetlogon.

Jean-Baptiste-Gabriel de Courtois, lieutenant de vaisseau.

Charles-Auguste de Crey, chevalier.

— Joseph-Victor Darlhac, Sgr de Margaliers et Pernon.

Joseph-Bruno Daudé d'Alzon, chevalier, lieutenant au régt des chasseurs de Champagne.

— Jean-François-Xavier Daudé, chevalier, vicomte d'Alzon, baron du Pouget, pour la terre de la Condamine.

Pierre de Daunant, écuyer, Sgr de Bourdic.

— François Deleuze, chevalier, Sgr de Lancirolle, du Plan, Saint-Christol, etc., pour son fief du Plan de Lafarède.

François-Louis-Xavier Delpuech, Sgr de Laumède.

— La dame Delpuech.

Delpuech de Beaulieu.

François Demérez, chevalier de Saint-Louis.

Jacques-François Descombiès, ancien page du Roi.

— Despeisses de la Plane.

— Dame-Antoinette Despioch, veuve de Jean Fage Dozière de Saint-Martial, président honoraire à la Cour des aides de Montpellier, curatrice et procuratrice de Jean-François-Pascal Fage-Dozière, son petit-fils.

— L'abbé Desponchès (Leyris d'Esponchès).

Le comte de Digoine, chevalier de Saint-Louis.

Claude-Paul de Digoine, chevalier de Saint-Louis.

Jacques Domergue, Sgr de Saint-Florent.

François-Michel Domergue de Saint-Florent, capitaine au régt du duc d'Angoulême.

— Jean-Scipion Domergue, chevalier de Saint-Florent, son frère, chevalier de Saint-Louis, capitaine commandant au régt de Condé-infanterie, pour la terre de Valerisque.

Marie-Jacques Dortet de Tessan.

— Pierre Dortet de Tessan, Sgr de Tessan, etc., son père.

Amable-Xavier Drome, officier au corps Royal d'artillerie.

Milord Jacques-Louis Drummond, duc de Melfort, pair d'Ecosse, d'Angleterre et d'Irlande, comte de Lussan, vicomte d'Alais, baron de Valcrose et de Sallendre, Sgr de Saint-Privat, etc., maréchal de camp.

Jean-Baptiste Duclaux de la Farelle, chevalier, Sgr de Barrière, officier d'infanterie.

Joseph-Henri Dufesc, marquis de Sumène, Sgr de Saint-Julien de la Nef, etc., ci-devant mousquetaire de la première compagnie de la garde du Roi.

Pierre-Philippe Dugarnier (de Garnier), chevalier, Sgr de la Melouse, ancien capitaine au régt de Médoc, co-Sgr de Brenoux et de la paroisse de Laval.

— Dame Gabrielle Dulau de Lusignan, veuve de François-Maximilien de Lauberge, marquis de Cassagnoles.

Antoine Duplessis, Sgr de Pouzillac, Saint-Martin du Jonquier, etc.

— Dupont de Bossuge, baron de Pourcarès.

— Marie Dupont, veuve d'Alexandre d'Albignac, baron d'Arre.

Pierre Dupuy-Montbrun, chevalier, Sgr d'Aubignac, Nozières, etc.
— Dame Marie Dupuy-Montbrun, veuve de Jean-Pierre de Gervais, Sgr de Rouville.
Louis-Marie d'Entraigues, Sgr de Cabanes.
— Le marquis d'Entremaux.
— Charles de Faucon, Sgr de Brouzet.
Louis de Favantine de Montredon.
— Dame Anne de Favantine, pour le fief du Salze et du Viala.
— Jean-Maurice de Favantine, Sgr d'Alzon.
— Jean-Félix-Roch de Fayet de Gabriac, chevalier, ancien officier d'infanterie, Sgr de Montjoye, co-Sgr de Chamborigaud.
Ferry de Lacombe.
Jean-Louis de Firmas, Sgr de Périès, ancien officier d'infanterie.
Charles-Marie, marquis de Fontanilles, marquis de Besouce, chevalier de Saint-Louis.
Jean-Baptiste-Ignace-Isidore, comte de Forbin, Sgr de Saint-Roman-les-Beaucaire et des Issarts.
Dominique-Casimir Fornier de Valaury, capitaine au régt des chasseurs de Flandre.
— Gaspard-Hilarion Fornier, chevalier d'Albe, capitaine au régt des chasseurs de Champagne.
François-Honoré-Barthélemy-Auguste Fornier de Clauzonne.
Jean-Louis Fornier de Mayrard, conseiller.
Antoine de Forton, chevalier, président à la Cour des comptes, aides et finances de Montpellier.
— Joseph de Fromont, baron de Castille, officier aux gardes-françaises.
— Le comte de Ganges (Vissec de Latude), marquis de Ginestous, propriétaire de la terre Sgrie et vicomté de Saint-Bonnet.
Jacques de Gasque de Lamothe, co-Sgr direct de Beaulieu.
— Pierre de Gautier, Sgr de Roucou.
Henri-Joseph de Gévaudan, chevalier, lieutenant-colonel du régt de Bassigny.
De Gilles de Ribas.
Le marquis de Ginestous de Gravières, mestre de camp de cavalerie.
Le marquis de Ginestous, gouverneur et commandant pour le Roi de la ville et viguerie du Vigan.
Eulose-Paul-Jérôme de Giraudy de Grey, garde du corps du Roi.
Jean-Joseph-Grégoire-Régis de Giraudy de Grey, officier des grenadiers royaux.
De Gonet.
— Le marquis de Graveson-Castellet.
— De Gros.
— Henri-Rodolphe de Gueydon, capitaine des vaisseaux du Roi.
Jérôme-Marie-Augustin de Guibert de la Rostide.
— Antoine-François de Guichard de la Linière, chevalier, Sgr de Saint-André de Majencoules, chevalier de Saint-Louis, maréchal de camp.
Daniel Hostalier, Sgr et baron de Saint-Jean de Gardonnenque.
Paul-Philippe des Ours (alias des Hours), chevalier, Sgr de Mandajors,

marquis de Ribaute, ancien lieutenant-colonel au régt de Barrois, avec rang de colonel.

Louis Desourse (des Hours), Sgr de Calviac.

Jean-Michel d'Izarn de Cornus, Sgr de Blauzac et Malaigue, chevalier de Saint-Louis.

Elisabeth-Mathieu de Jean de Montval.

Jean-Honoré de Jean, ancien capitaine d'infanterie au régt de Beauce.

— Jean-René de Jouenne, chevalier, second du nom, marquis de Grigny, Sgr de Maruéjols le Gardon, ancien capitaine d'infanterie.

Paul-Ange de Labaulme, chevalier de Saint-Louis, colonel de cavalerie, Sgr de Saint-Denis de Vendargues.

De la Blaquière.

— Le marquis de la Chapelle (Redon.)

Antoine-François de Lacour, Sgr de la Besséde.

François de Lacour de Moncan, pour lui et pour son père.

— Le comte de Lacroix-Vagnas.

Jacques-Alexandre, marquis de la Fare-Alais, Sgr de Lacoste.

— Le marquis de la Fare-Vénéjan.

— Louis-Philippe de la Fare, baron de la Tour de Chaylar, etc.

Le chevalier de la Fare-Alais.

— Dame Françoise-Mélanie de la Fare, veuve de Jean-Raymond de Pavée, marquis de Villevieille, marquise de la Fare-Montclar.

— Le chevalier de la Fare, Sgr du mandement de Gravas, dans le marquisat de Montclar.

— Dame-Marie-Suzanne-Marguerite de Lafont d'Aiguebelle, veuve de Joseph-Scipion de Chapelain, chevalier de Saint-Louis, pour le fief d'Aiguebelle.

Charles de Langlade-Charenton, chevalier de Saint-Louis, ancien major d'infanterie.

André de Langlade.

Antoine de Langlade, chevalier, ancien capitaine de grenadiers au régt de Bourgogne.

— Alexis de la Place, Sgr de Saint-Maximin.

Pierre de Laroque (La Roque), capitaine commandant au régt de Vivarais.

Charles-Philibert de Lascours de la Gardiolle, chevalier, Sgr de Lascours, capitaine au régt de Dauphiné, chevalier de Saint-Louis.

Joseph-Marie de la Tour-du-Pin-Gouvernet, co-Sgr du lieu et marquisat de la Calmette.

Alexandre-César de la Tour-du-Pin, marquis de Visser, baron d'Hierle, capitaine réformé au régt de Bourbon-infanterie.

— Le comte de Laudun.

Lauzières de Thémines.

Le baron de Lédenon.

Jean-Pierre Legras de Montsobre, chevalier de Saint-Louis, brigadier des armées du Roi.

Jean-François-Louis Le Maitre, Sgr de la Boissonade, Grignols.

Jean-Pierre Lenoir, chevalier.

— Guillaume-Joseph de Leyris, Sgr d'Esponchés, Ronzas, etc., ancien capitaine d'infanterie au régt de Traisnel, chevalier de Saint-Louis.

Jérôme, comte du Long.

— Le duc de Luynes, pair de France, Sgr de Saussac.

Gabriel de Magnac (de Magnin), chevalier, marquis de Gaste, ancien officier de la garde du Roi, capitaine de cavalerie, Sgr de Colombiés, etc.

— La dame Sibille-Thérèse de Maillan de Lasplanes.

Jean-Baptiste de Manoël, chevalier d'Algue, capitaine au régt de Hainault, chevalier de Saint-Louis, Sgr de Marcassargues, Télisse et Massiés.

— Charles de Manoël, chevalier, Sgr de Toiras-Claret.

— Manoël de Marcassargues.

— Eymar de Manoël.

Louis de Manoël de la Gravière, chevalier, Sgr de Saumane.

— Pierre Manoël, chevalier, Sgr de Nogaret, etc.

— Gilbert-Jean de Massilian, Sgr de Sanilhac.

Louis-René de Merle, chevalier de Lagorce, ancien officier d'infanterie.

— Joseph-François de Lagorce, chevalier de Saint-Louis, son frère.

François-Xavier de Ménard, ancien officier d'infanterie.

— Monsieur frère du Roi (Louis-François-Xavier, comte de Provence).

— Jean-Paul-Joseph-François, marquis de Montcalm, Sgr de Casteillet.

— Louis-Marie-Gilbert de Montcalm-Gauzon (Gozon), comte de Montcalm, maréchal de camp, Sgr de Candiac, Vestric, etc.

— Jean-Victor de Montaulieu (Montolieu), chevalier, Sgr baron de Mejane, ancien colonel d'infanterie.

Jean-Antoine d'Olivier, baron du Merlet, chevalier, et chevalier de Saint-Louis.

Jean-Louis d'Olivier-Merlet, baron du Merlet, chevalier, officier au régt d'Artois-cavalerie.

— Jean-Joseph de Narbonne-Lara, Sgr de Pomaret, etc.

— Le marquis de Nicolaï, Sgr de Cavillargues, etc.

De Novy.

Léon-Jules Novy de Caveirac, Sgr de Caveirac, etc.

— De Pages de Pourcarès.

Pierre-Gaspard Pandin, écuyer, Sgr de Biarge, chevalier de Saint-Louis.

Jacques-Philippe Paulin (Pandin) de Saint-Hippolyte, lieutenant de vaisseau.

Henri-Charles-Maxime de Pascal, baron de la Reiranglade, capitaine au régt de dragons de Chartres.

Joseph-Louis-Antoine de Pascal, ancien officier au régt de Limousin, co-Sgr direct des ville et territoire de Nîmes, et lieux circonvoisins.

Louis-Jean-François de Pavée, comte de Villevieille, capitaine au régt de Royal-Roussillon-cavalerie.

Gaspard-Daniel de Pelet, chevalier de Saint-Louis, Sgr direct de Canaule-Anduze.

Jean-Joseph-Marcel, marquis de Piolenc, officier au régt d'Aunis.
— Marc-Antoine Plantier de Vallesane.
Constance-Lucrecius-Charles-Régis de Plantin, Sgr de Villeperdrix, Saint-Marcel de Carreiret, etc.
— De Planchut, Sgr de la Cassagne et Sainte-Colombe.
— Marc-Antoine de Pluvier de Bagnols, chevalier de Saint-Louis, brigadier des armées du Roi, Sgr de Saint-Michel d'Euzet.
Joseph-Suzanne-Marthe de Porcelet, marquis de Maillane, major des vaisseaux du Roi.
Joseph Portanier (de Portanier) de la Rochette, officier d'infanterie, Sgr du mandement de Bren.
Antoine-François de Possac-Genas, chevalier, lieutenant des maréchaux de France.
Antoine-Thomas-Marie du Pourcet, baron de Sahune.
Rodolphe-Joseph de Raffin, conseiller honoraire au parlement, co-Sgr de Blauzac, Sgr direct d'Orillac.
Henri Randon de Grolier, chevalier de Saint-Louis, lieutenant-colonel d'infanterie.
— Marc-Antoine Randon de Grolier, Sgr de Massanes.
— David de Rebotier de Monturargues, Sgr de Fons-sur-Lussan.
Jean-Jacques-Maurice Renaud de Genas, baron de Vauvert.
Jacques-Scipion Renaud de la Bonne, chevalier de Saint-Louis, lieutenant des maréchaux de France.
— De Restaurand, Sgr de Lirac.
Joseph-Annibal-Jérôme de Reynaud de Boulogne, Sgr de Lascours, Saint-Martin et Gaujac, capitaine au régt de Bourbon-infanterie.
Charles de Roche-Salel, Sgr de Monteran (Montaren) et Blauzac, capitaine de vaisseau, chevalier de Saint-Louis.
Claude-François de Roches, Sgr de Genouillac (Génolhac), chevalier de Saint-Louis.
Antoine-Marie de Roches Saint-Amand, chevalier,
— Gabriel de Roches, Sgr de Saint-Amand, son père.
— Anne-Joachim-Joseph de Rochemore, marquis de Rochemore-Saint-Cosme.
Joseph, vicomte de Rochemore, chevalier de Saint-Louis.
Jean-Claude de Rochemore, baron d'Aigremont, chevalier.
Adrien de Roubins.
Henri-Etienne de Roque, marquis de Clauzonnette.
Jean-Antoine-Gilles de Rossel, chevalier, baron de Fontarèche, Sgr du Pin, lieutenant des maréchaux de France.
— Le comte du Roure, lieutenant général des armées du Roi, baron de Barjac, etc.
Alexis-Gabriel Roussel, chevalier de l'ordre du Roi, Sgr du fief de Jonquet.
Alexis-Barnabé Roussel.
— Roussi de Cazenove.
Charles de Rouveirié de Cabrières, chevalier de Saint-Louis, capitaine commandant au régt de Royal-Auvergne.
Rouveirié de Cabrières.
François-Joseph de Roys (des Roys) de Saint-Michel.

Jacques de Roys de Lédignan-Desports, pour le fief de Loubarès.

— Demoiselle Anne de Saint-Julien.

— Jean de Saint-Martin, Sgr de la Balejade, de la Canon, etc.

Le chevalier de Saint-Périés.

— Le marquis de Saint-Victor (de Castillon).

Jean-Elie de Salvaire baron de Plantier et d'Aleyrac, Sgr de Cabrière, conseiller-correcteur en la Cour des comptes, aides et finances de Languedoc.

Pierre de Salvaire, Sgr de Montfort et de Langlade.

— Louis-Charles de Sarrazin, Sgr de Chambonnet, chevalier de Saint-Louis, ancien capitaine d'infanterie.

— De Sauvan, marquis d'Aramon.

Louis de Sauzet, Sgr de Fourconal.

Charles-François-Hector-Joseph de Sibert, marquis de Cornillon, ci-devant page du feu roi, ancien officier aux gardes françaises.

Daniel-François Sollier (de Solier), officier au régt de Bassigny.

Jean-Baptiste-Tiburce Sollier, ancien capitaine au régt de Hainault, chevalier de Saint-Louis.

Louis-Victor de Suffren Saint-Tropez, vicomte de Suffren.

Jean-Antoine de Teissier-Marguerittes, baron de Marguerittes, chevalier, Sgr de Roquecourbe, Bagarne, Coulloures, etc.

André-Gabriel-Jacques-Alexandre de Teissier, sieur de Meyrières, lieutenant au régt du duc d'Angoulême.

— Jean-Antoine de Teissier, Sgr de Meyrières, Champelot, etc., son père.

— Dame Marie-Thérèse de Thieulloy, veuve de Louis de Roys de Saint-Michel.

— Joseph-Jean de Thomas, lieutenant des vaisseaux du Roi.

— Dame Marie-Thérèse-Anne-Blanche de Thomas-Lagarde, épouse libre en ses biens de Joseph-Guillaume de Leyris d'Esponchés, chevalier de Saint-Louis.

Henri-Valbelle de Thomassy, capitaine d'infant., chevalier de St-Louis.

— Sylvestre de Thomassy, capitaine de dragons, chevalier de Saint-Louis, son frère, Sgr de Gatuzières.

— Jean de Thomassy, son neveu, Sgr direct de Meyrueis, ancien officier d'infanterie, chevalier de Saint-Lazare.

François de Tourtoulon, chevalier, capitaine commandant au régt des chasseurs des Cévennes.

— Jean-David de Tourtoulon, chevalier, Sgr de Valobscure (Valescure), Saint-Martin, Soudorgues, Lassalle, etc., baron de Lassalle (La Salle) et Salendrenques, son frère.

— Alexandre-François de Tourtoulon, chevalier, baron de Tourtoulon et de Lassalle, Sgr de la Nougarède, sous-lieutenant au régt des chasseurs des Cévennes, son neveu.

— Jean-François de Tourtoulon, Sgr de Serres, ancien garde du corps du Roi.

— Jean-Charles-César de Tourtoulon, chevalier, Sgr de Saint-Martin de Corconac, officier au régt de Cambrésis-infanterie.

Antoine-Alexandre de Treille de la Roquette, Sgr de Balmette et Lezedon, lieutenant des maréchaux de France.

— Jean-Baptiste-Bernardin de Trémolet, marquis de Mourmoirac ou Montmoirac.

— Emmanuel-François, comte d'Urre, marquis d'Aubaïs, capitaine de cavalerie, chevalier de Saint-Louis.

— Le duc d'Uzès.

Vincent-Félix-Joseph de Vanel, Sgr dominant de Saint-Quentin, de l'Isle-Roi, baron de Barenque, lieutenant des maréchaux de France, chevalier de Saint-Louis.

— Dame Anne-Louise de Vaugran, veuve de Philippe-Thomas, marquis de Piolenc, Sgr de Servas, etc.

Simon-Pierre de Vergèze, chevalier, Sgr d'Aubussargues, Montauran, du mandement d'Aigalliers, de Massargues, du marquisat de Cassagnolles.

Henri de Vérot, écuyer.

— Madame la marquise de Vogué.

— Fr.-Melchior, comte de Vogué, maréchal de camp, gouverneur de Montmédy, pour les terres d'Aiguers, etc.

---

# SÉNÉCHAUSSÉE DU PUY-EN-VELAY.

*Procès-verbal de l'Assemblée générale des trois ordres,*

31 mars 1789.

(*Archiv. imp.* B. III. 125, p. 3-142, 173-175.)

Antoine-Joseph Bonnet de Treiches, Sgr dudit lieu, Bonneville, et autres places, lieutenant-général juge-mage de la sénéchaussée et siége présidial de la ville du Puy.

Guillaume Vital-Duranson, procureur du Roi.

## NOBLESSE.

Le comte d'Apchier de Vabres.

Le marquis d'Apchier de Vergezac

De Bains.

De Banne.

Annet de Banne.

Le vicomte de Banne.

De Banne du Chambon.

De Barbon d'Avenac, fils.

De Barbon de la Blache, cadet.

De Barbon de la Blache.

De Barbon, le chevalier.

De Barbon du Bouchet des Arcis.

De Barbon de la Champ.

Barbon des Arcis.

De Barbon des Arcis.

Baron de Cansou.

Le chevalier de Bauzac.

De Bauzac de la Tour.

De Bayle.

De Bayle de Bessé.

Marin de Bayle.

Besson de Béfort.

De Bonneville de Chapteuil, officier au régt de Champagne.

De Bonneville de Chapteuil, capitaine de cavalerie.

Le marquis de Bouzols.

De Breux.

De Bronac.

De Capelly.

Le comte de Cereix.

De Chabron de la Terrasse.

Chabron de Soleilhac.

Mme de Chambarlhac mère.

De Chambarlhac fils.

De Chambarlhac de l'Aubépin.

De Chambarlhac de Montregard.

De Chamblas (la Rochenégly).

Du Chambon du Pin.

Le comte de Charbonnel de Jussac.

Le comte de Charbonnel fils.

De Charbonnel du Best père.

Charbonnel de Jussac.

Le chevalier de Chardon.

De Chazeaux fils.

De Chazeaux de Montjuvin.

De Chazeaux de Lapte.

La marquise de Chevrier.

Chomel.

Chomel ou Chancel du Mont.

De Citres (Dufaure).

Mme veuve de Citres.

De Colombet, officier au régt de Vexin.

Mme de Combres.

Le marquis de Crozet d'Orcerolles.

Daurier de Piessac.

Decheve de Chazellet.

Delandos du Bert.

De Drossanges, Sgr de Drossanges.

Duchastel, pour lui et sa femme.

Du Chier de Saint-Martial.

Ducluzeau (du Cluzeau).

Dudefant de Rion.

Duguas du Villard.

Dugnat (Duguas du Villard).

Dulac de Fugères.

Vincent Exbrayat de la Blache.

De Fages de Chaulnes.

Mlle de Faure de Dunières.

De Fay de Montréal.

De Ferrahes d'Espaly (de Ferraignes).

Mme de Figon de Boissy.

Fournier de Changeac.

De Fraix du Vernet.

De Fraix du Monastier.

De Fraix, Sgr du Vernet et de Glavenas.

De Fugy de la Planche.

Gailhard de Vourzac.

Gailhard de Couteaux.

Gailhard de Sénillac.

Gailhard de la Roche.

Gailhard de Cheylon.

La comtesse de Gain.

Mme de Galimard.

Gerenton de Pieyres.

Giraud du Cros.

Le chevalier de Glavenas.

De Gouy (Goys) de Mézeyrac.

De Jagonas.

Le chevalier de Jagonas.

Johanny de Pigeyres.

De la Bathie de Mathias.

Le baron de la Borie Becdelièvre.

Le chevalier de la Borie.

De la Borie aîné.

De la Boulaye.

De Lachau de Mazangon.

Le chevalier de la Colombe de Chardon.

De la Colombe de Chadernac père.

De la Colombe de la Boriasse fils.

De la Colombe père.

De la Coste.

De la Fayolle de Mars.

De la Grevol de Villedemont.

De la Roche de Vaunac.

Le comte de la Rochelambert.

De la Rochenégly de Chamblas.

Mme de la Rochenégly du Cheylard.

De la Rochenégly de la Chabannerie.

De la Rochette de Saint-Jeurre.
De la Rochette de Lapte.
Le comte de la Rodde Saint-Haon.
De Larzallier.
Le marquis de Salle (Caillebot), sénéchal du Puy.
Le chevalier de la Tour.
De Laval d'Arlempde.
Le Blanc de Pélissac.
Le Moine de Vernon.
De Lestrange de Beaudiné.
De Leyssac de la Chabanne.
De Luzy de Tence.
De Luzy, capitaine du génie.
Le chevalier de Luzy.
Le baron de Maillet de Vachères.
De Mailhet de la Chapelle de Pièbre.
Le marquis de Maubourg (Fay de la Tour).
Le comte de Maubourg.
Mlle de Maurandin.
De Montgros.
De Montagnac.
De Marnas.
Le baron de Montregard.
De Morgues.
Mijolas du Noyer de Sauvage.
Du Noyer du Roure.
Le chevalier du Noyer de Sauvage.
Odde du Bouchet.
Odde de Lardeyrol père et fils.
Odde de Triors.
O'Ffarell.
Du Peloux, garde du Roi.
Du Peloux de Saint-Romain.
De Pierreux.
Le duc de Polignac.

De Pons de Rochely père et fils.
Mlle de Pralhas.
De Pralhas de Rozières.
De Pralhas de Rozières, garde du Roi.
La baronne de Ribbes.
La dame de Rideberg.
Roche de Jagonas.
Roche de Miercol.
De Rochebonne.
Desroy (des Rois) de la Sauvetat.
Le chevalier des Rois.
Le comte de Saint-Didier.
Le chevalier de Saint-Didier.
Mme de Saint-Germain.
De Saint-Michel.
Sanhard (Saignard) de la Fressange.
Sanhard de Choumouroux.
Sanhard de Sasselanges.
Sanhard de Fonteclair aîné.
Sanhard de Fonteclair cadet.
La comtesse de Saint-Paul.
Le marquis de Satillieu.
Sauzet de Jonchères.
Sénac de l'Herm.
Sigaud de Lestang.
De Solas.
Soubeyran de Serres.
De Thézard de la Peyrouse.
De Vacherolles (de Torilhon).
De Vachon d'Arlias.
Mme de Valadone de Bains.
De Vaux du Vernet.
De Vaux du Roulhier.
Véron de Saint-Julien père.
Véron de Saint-Julien fils aîné.
Le baron de Veyrac de Lardeyrol.
Le comte de Vogué.

*On donna défaut contre :*

Le marquis d'Agrain.
D'Asquemiac.
L'abbé d'Aubignac.
Bergonhon de Hachat.
Mme de Bessarioux.
De Bronac.

De Vazeilles.
Le Blanc de Vazeilles.
Le Blanc de Marnas.
Brunel de la Bruyère.
De Chambonas.
De Charnève.

De Chalendar des Crozes.
De la Chomette du Bouchet.
Dallard.
Le marquis de Faugères.
Le baron de Roche.
De Tallode.
Jerphanion.
Julien de la Varenne.
De Ligonnès de Monmeyres.
De Laulanhier.
De Loire de Chanéac.

De Mazuyer et la dame son épouse.
De Molines de la Borie.
De Maillet de Praneuf.
Odde du Villard.
De Ribains.
Surrel Ducros.
De Soleilhac.
De Lioussac.
Mme de Tiolenc.
Le comte de Vaux.

---

# SÉNÉCHAUSSÉES DU HAUT ET BAS-VIVARAIS.

## SÉNÉCHAUSSÉE D'ANNONAY.

*Procès-verbal de l'Assemblée des trois états du pays de Haut-Vivarais,
Séante à Annonay.*

### 20 mars 1789.

(*Archiv. imp.* B. III. 9, p. 15-44).

François-Louis, vicomte de Monteil, maréchal de camp, capitaine, colonel de la compagnie des Suisses de la garde de Mgr le comte
d'Artois, fils de France, frère du Roi; Sgr d'Iserand, Sécheras, Plats,
Cheminas, Vion, Arras, Lemps, etc., sénéchal d'épée du Haut et
Bas-Vivarais.
Jean de Lombard, écuyer, conseiller du Roi, procureur pour S. M. en
la sénéchaussée du Haut-Vivarais.

### NOBLESSE.

— Mademoiselle d'Agrain.
— D'Apchier, comte de Vabres.
François-Daniel d'Ayme, maréchal de camp, Sgr de Charmenton.
— Dame veuve de Badon.
Claude de Barjac, chevalier de Saint-Louis, ancien capitaine de cava-
lerie, Sgr de Barjac.
De Barou de Canson, chevalier, ancien mousquetaire de la garde du
Roi, Sgr de Canson, la Lombardière, etc.
Le chevalier du Bay, ancien capitaine d'infanterie.
— Du Bay, son frère, Sgr de Sevelas, Abbelaure, co-Sgr de la ba-
ronie de Boffres.

Bollioud, chevalier, Sgr de Brogieux, Mortier, Saunier, etc.

— Le duc de Bourbon.

— Le comte du Bourg do Saint-Polguc, Sgr de Bozas.

Bouvier de Cachard, Sgr de Cachard.

Gabriel-Alexandre de Bozas, Sgr de Chirol, de Mantelin et Deyras.

De Cellier, écuyer, Sgr de la Condamine.

— De Chamouroux (Saignard de Choumouroux).

Le chevalier de Chateauneuf-Dumolard (Robert), Sgr de Chateauneuf de Vernoux, ancien capitaine d'infanterie.

— De Chateauvieux (Meyssonnier).

— Clavel de Veyrand.

— De Clavière.

— L'abbé de Colonjon, chanoine capiscol de l'église d'Annonay.

Charles-Louis de Coston, chevalier de Saint-Louis, capitaine d'infanterie, pensionné du Roi, Sgr et baron de Durtail, Cornas, etc.

Le marquis de Crottier de Peyraud, colonel de cavalerie.

— Dame Marie Debart.

— Dame Catherine Deglo de Lorme.

Després, major de cavalerie.

— Destezet de Saint-Cierge.

Le comte de Dienne-Dupuy, chevalier, lieutenant des vaisseaux du Roi.

— De Dienne-Dupuy, son père, Sgr de Manoha, du Pestrin, etc

— La dame de Dienne de Lemps, sa sœur.

Duchier, écuyer.

— De Fages de Rochemure, baron de Rochemure.

Alexandre Faure des Chaberts, chevalier, Sgr de Miliort, co-Sgr du Pont de Barrès, chevalier de Saint-Louis, capitaine au régt de Picardie-cavalerie.

Joseph de Faure de Belin, Sgr de Belin, ancien capitaine d'infanterie.

Le baron de Fay, Sgr de Solignac, major d'infanterie, chevalier de Saint-Louis.

Louis-Marie de Figeon (Figon), sieur de la Mure.

Le comte de Gain, gentilhomme d'honneur de Mgr le comte d'Artois colonel du régt de Berry-cavalerie.

— De Gompers (Gumpertz).

— Le marquis de Grollier.

Le chevalier d'Indy, ancien capitaine commandant de dragons, chevalier de Saint-Louis.

— Joseph-Isaïe-Saint-Ange d'Indy, officier au régt d'Angoulême dragons, mineur.

De Jansat.

Alexandre-Bernardin de la Chava, baron d'Ay, Sgr de Lermusières.

Pierre de la Jansse, écuyer.

Jean-Antoine de la Rivoire de la Tourette, comte de Portalès, mestre de camp de cavalerie, sous-lieutenant des gardes du corps du Roi, chevalier de Saint-Louis.

De la Roque, baron d'Ozon, Sgr d'Eclassan.

Alexandre-Balthasard Delaroque, (de la Roque) Dupont, chevalier, Sgr de Munas, baron d'Ozon (Auzon), Marsan, et Eclassan, ancien lieutenant de dragons.

Le marquis de la Tourette (La Rivoire), baron de Chalancon, Sgr de Vernoux, etc., colonel des Grenadiers royaux de Quercy.

Jacques-Louis de la Vèze, écuyer.

— Jacques-Louis de la Vèze, ou la Veyse, père, Sgr de Bellay.

Louis-Maximin de la Veyse-Montjon, écuyer.

— De Lermusières de Souteyrat.

Le comte de Lestrange, Sgr de Boze.

— De Lestrange.

Jean-François de Lille, ou de Lisle de Charlieu, écuyer, capitaine de cavalerie, chevalier de Saint-Louis.

·· Claude de Lisle père, écuyer, Sgr de Charlieu.

Charles-Louis de Lisle de Charlieu, écuyer, garde du corps du Roi, compagnie de Villeroy.

De Lombard de Mars, ancien capitaine d'artillerie, chevalier de Saint-Louis.

— Le marquis de Maubourg (Fay de la Tour).

— Dame de Mazade de Valence.

— Marie-Marguerite Milanais, veuve de noble Pierre-Isaïe Dindy (d'Indy), chevalier de Saint-Louis, dame de Boffres, Chambaud, Colaus, etc.

Le chevalier de Missol, écuyer, lieutenant-colonel d'artillerie.

De Monteil, chevalier, Sgr de Corsas, Cintres, etc.

Étienne de Montgolfier, chevalier de l'ordre du Roi.

— L'abbé de Montgolfier, chanoine d'Annonay.

Joseph de Montgolfier, écuyer.

— Pierre de Montgolfier, son père.

— Moreau, Sgr de Brenieux.

Le baron de Moreton de Chabrillan, colonel de cavalerie.

Du Peloux, chevau-léger de la garde du Roi, Sgr de Praron.

Le comte du Pont, Sgr de Soyons.

Popon de Saint-Julien, ancien capitaine d'infanterie, chevalier de Saint-Louis.

De Praron, chevalier.

— De Praron.

De Robert de Chateauneuf de Saint-Priest, écuyer, officier au régt de Vexin-infanterie.

Saint-Ange Robert de Chateauneuf, chevalier, Sgr de Chateauneuf, Verdun le Bret, Colombier le Vieux, Sgr direct de Saint-Victor, Préaux, Seray, Iserand, Vion, Ardoix, etc., ancien capitaine d'infanterie, chevalier de Saint-Louis, pensionné du Roi, commandant de Barjac.

— De Robert Descots (des Cots), oncle et neveu.

— Demoiselle Robert Descots, co-Sgresse de Verdun.

— Descots (Robert des Cots).

Robert de Verdun de Chateauneuf, officier d'infanterie, retiré et pensionné du Roi.

Claude de Rostaing, du Chambon.

Jean-Antoine de Rostaing, officier des Grenadiers royaux.

Jean-Antoine-Marie Rouchet de Chazotte.

Le marquis de Satillieu (du Faure), Sgr de Mahun, Sarras, Révirand, Saint-Sylvestre, etc.

Antoine, comte de Serres, Sgr de Chardon, chevalier de Saint-Louis, ancien capitaine de cavalerie, et pour sa femme, la dame Crottier de Chambonas, dame de Saint-Alban.

Jean-Henri Duslier (du Solier), chevalier de Saint-Lazare, co-Sgr de Lissac et Labatut, dans le comté de Foix.
— Dame Alexandrine du Solier, sa mère, dame du Soget.

Antoine du Solier de Monneron, chevalier, Sgr de Faurie et Moulé.

De Solmes du Chambon, ancien gendarme de la Garde, Sgr du Noyer.

Le chevalier de la Saiserie (Trémolet de la Cheysserie), ancien capitaine commandant au régt de Cambray, chevalier de Saint-Louis.
— Trémolet de la Cheysserie, son frère, Sgr haut-justicier de la terre de Cros, de Serre, etc.
— Le duc d'Uzès.
— Mme de Vanosc, dame de Saint-Victor.

Claude-Louis de Vaure de Charlieu, écuyer.

Joseph-Balthezard de Vaux, Sgr de Pleyné, ancien gendarme de la Garde ordinaire du Roi.

Claude-François de Vernoux, chevalier, Sgr de Noharet et de Bille, capitaine de cavalerie, chevalier de Saint-Louis.

Antoine de Verron (Véron), Sgr de la Rama.

De Veyre de Soras, écuyer, Sgr de Soras, etc., capitaine de cavalerie, chevalier de Saint-Louis.
— De Villeneuve (La Roche Barnou).
— Le comte de Vogué, maréchal de camp.

---

# SÉNÉCHAUSSÉE DE VILLENEUVE-DE-BERG.

*Procès-verbal de l'Assemblée de l'ordre de la noblesse du bas Vivarais, réunie à Villeneuve-de-Berg (1).*

### 26 mars 1789.

(*Archiv. imp. B. III. 156, p. 264, 445, 459-486.*)

Barruel, juge-mage, lieutenant-général civil du Sénéchal, président de l'Assemblée générale des trois ordres.

De Barruel père, président de l'ordre de la noblesse, comme doyen d'âge.

(1) Cette liste a été revue et collationnée sur le procès-verbal déposé aux archives du département de l'Ardèche à Privas.

Le comte de Balazuc, président élu.

Le comte d'Antraigues, secrétaire.

De Tavernol de Barrès, secrétaire.

Il fut décidé à l'ouverture de la séance que le titre de noble et de gentilhomme étant commun à tous les membres de l'assemblée, le présent procès-verbal ne contiendrait que les noms et surnom de famille de ceux qui seraient admis, sans autres titres en qualité que celui de Messieurs mis en tête de la liste avec les dénominations de grade, emplois militaires et décorations d'ordre de chacun qui les avaient (p. 454).

### *Commissaires nommés pour la vérification des titres :*

Louis-Charles de Merle de Lagorce-Vallon, ancien capitaine de cavalerie.

Louis-Hyacinthe de Mallian, capitaine-commandant les grenadiers du régt de Champagne, chevalier de Saint-Louis.

Jacques-Joseph de Guyon de Geyx de Pampelonne, ancien capitaine-commandant d'artillerie, chevalier de Saint-Louis.

Henri-Jean-François de Marcha de Saint-Pierreville.
— Jean-Baptiste-Charles d'Agrain des Hubaz, pour son fief de la Figère.
— Louis-François d'Agrain des Hubaz, Sgr des Hubaz.
— Jean-Louis-Gaspard d'Agulhac de Soulages, pour son fief à Laubaresse.
— Demoiselle Marie d'Albon de la Roussière, pour son fief à Mayres.

Jean-Baptiste d'Aleyrac, capitaine commandant au régt de Languedoc, chevalier de Saint-Louis.

Jean-Louis d'Allamel de Bournet (Dalamel).

Joseph-François d'Alméras de Brès.
— Alexis d'Alméras de Brès, son père, pour raison de ses fiefs de Paysac-Brès, Montseignes et Saint-Jean de Pourcharesse.

Louis-Melchior des Arcis.

Antoine-Augustin-François-Régis d'Arlempde de Mirabel.
— Dame Renée d'Arnaud, douairière de Pierre-Bernis, pour son fief de Saint-Marcel de Pierre-Bernis.
— Antoine d'Auteville, pour son fief de Ponsère.

Louis-François de Balazuc, ancien capitaine au régt de la Sarre, chevalier de Saint-Louis, président de l'Ordre de la Noblesse.
— Alphonse de Balzagete du Charnève, pour raison de son fief à Saint-Montan.

Louis-Xavier de Banne, capitaine commandant au régt Royal des vaisseaux.
— Louis de Baratier de Saint-Auban, ancien capitaine d'infanterie, Sgr de Miraval.

Louis de Barras de la Penne.
— De Barrès, pour son fief au Pouzin, capitaine d'artillerie chevalier de Saint-Louis.

— Louis-Antoine de Barruel, fils, lieutenant-général, juge mage en cette sénéchaussée, à raison des fiefs de Chaix et de Saint-Pons, présidant le tiers état.

Antoine de Barruel.

— Dame Thérèse de Barruel, sa fille, veuve de N... d'Aleyrac, capitaine d'artillerie, chevalier de Saint-Louis, pour son fief de Saint-Vincent de Barrès, etc.

— François-Denis-Auguste de Beauvoir du Roure de Beaumont-Brison, pour ses fiefs et terres de Largentière, Beaumont, etc., ancien capitaine de cavalerie au régt de Saint-Simon.

— Charles-René de Bénéfice de Cheylus, Sgr de Freyssinet et Saint-Bauzile.

Charles-Simon-Claude Bernard de Saint-Arcon, ancien gendarme de la garde du Roi.

Joseph-René Bernard de Saint-Nazaire, lieutenant au régt de Barrois.

— Pierre de Bernard de Montbrison, ancien officier d'infanterie, pour son fief de Combes.

Jean Bernardi.

Antoine Blanc de Molines de la Blache.

Jean-Antoine de Blou, lieutenant-colonel du régt de Piémont, chevalier de Saint-Louis.

— Antoine-Hyacinthe de Blou, sous-lieutenant au régt de Piémont, Sgr de Chadenac.

— Jean-Baptiste de Blou de Chadenac, pour son fief de Chadenac et Thueyts.

— Le sieur de Bonnaud, curé de Montpezat, pour son fief de Bonnaud.

— Just-Henri du Bourg de Saint-Polgue, pour ses terres de Brion et autres.

— Jacques-Louis-Régis de Burine de Tournais, Sgr de Trapensac.

Jean-Baptiste de Chanaleilles de la Saumès, ancien lieutenant au troisième régt des chasseurs à cheval.

— Jean-Louis de Chanaleilles de la Saumès, major d'infanterie, chevalier de Saint-Louis, pour ses fiefs de la Blachère, etc.

— Dame Magdeleine de Chanaleilles du Villard, veuve de Charles de Chalendar de la Motte, pour son fief d'Uzers.

— Pierre-Louis-Hilaire de Chapuis de Tourville, Sgr à Rochessauve, etc.

— Dame Jeanne Clerg, veuve de Jean-André d'Alizon, à cause de son fief de Chauvière.

Antoine-François-Benoît de Colonne, capitaine de dragons, chevalier de Saint-Louis.

— Joseph de Comte de Tauriers d'Aubusson, lieutenant-colonel d'infanterie, chevalier de Saint-Louis pour son fief à Largentière.

Laurent-Gilbert Delpuech de Chamonte.

Jacques-François Descours, capitaine d'artillerie, chevalier de Saint-Louis.

Jean-Agathange de Digoine, ancien capitaine d'infanterie au régt de Penthièvre, chevalier de Saint-Louis.

— Dame Françoise Doret, veuve de Joachim de Guyon de Geyx de Pampelonne, capitaine d'artillerie, chevalier de Saint-Louis, pour son fief à Meysse.

— Louis-Joseph Dubessé, pour son fief dudit lieu.

Louis Dussault de Saint-Montan, capitaine du génie;

— Joseph et Jeanne Dussault de Saint-Montan, ses frère et sœur, pour leur fief de Saint-Montan.

— Louis-Joseph Ebrard du Cheylard, pour ses fiefs à Aubignas et autres.

— Christophe de Fages de la Champ, son frère, lieutenant au régt d'Enghien-infanterie, pour son fief de la Champ.

François-Esprit-Antoine de Chazeaux (de Fages), capitaine des chasseurs d'Alsace.

— Pierre-François-César de Fages de Vaumale, garde du corps du Roi, pour ses fiefs.

— Louis de Fages de Chaulnes, pour son fief dudit Chaulnes.

— Jean-Baptiste de Fages de Rochemure, capitaine-commandant d'artillerie au régt de Strasbourg, pour ses fiefs de Cheylus, Rochemure et Chazeaux.

— François de Fages de Chaulnes, pour son fief de Pourcherd, etc.

— Jules-Marie-Henri de Faret de Fournès, commandant du régt de Royal-Champagne-cavalerie, sénéchal d'épée de Beaucaire et de Nîmes, Sgr d'un fief au Bourg Saint-Andéol.

— Charles-César de Fay de la Tour-Maubourg, mestre de camp d'infanterie de Soissonnais, pour ses terres de Boulogne, Privas, etc.

— Jean-François-Félix-Prosper de Florit de la Tour de Clamouse-Corsac, pour sa terre de Lambrandes.

— Jean-François de Fontaine de Laugères, Sgr de Laugères.

— Etienne de Gigord, major de Cambrai, chevalier de Saint-Louis, pour son fief de la Rochette.

Louis de Gout de Vissac;

— Joseph de Gout de Vissac, son frère pour son fief à la Souche.

— Denis-Auguste de Grimoard de Beauvoir du Roure, lieutenant-général des armées du Roi, pour ses terres de Banne et autres.

— Dame Louise-Victoire de Grimoard de Beauvoir du Roure, veuve de Chambonas pour la Sgrie du Petit-Paris et de Laval-Daurelle.

Jacques-Joseph de Guyon de Geyx de Pampelonne, capitaine d'infanterie, commissaire, *alias* ancien capitaine d'artillerie, chevalier de Saint-Louis.

Alexandre-Jacques-François d'Hilaire de Jovyac, capitaine d'infanterie, chevalier de Saint-Louis.

Jean-Antoine d'Hilaire de Toulon de Sainte-Jaille de Jovyac, maréchal de camp.

Dominique-Balthazar d'Hilaire de Jovyac.

Jean-Baptiste d'Hilaire de Jovyac, capitaine d'infanterie.

Jacques d'Hilaire de Jovyac, chevalier de Saint-Louis, capitaine d'infanterie.

— Louis d'Ithier d'Entrevaux, ancien capitaine de grenadiers au régt Dauphin, chevalier de St-Louis pour son fief d'Entrevaux.

Louis-Joseph de Julien de Vinezac, ancien officier d'infanterie, chevalier de Saint-Lazare ;

— Joseph de Julien de Vinezac, son oncle, Sgr de Vinezac.

— Jean-Pierre Labro, curé de Fabras, pour son fief du Pin.

— Jean de la Croix de Suarès d'Aulan, pour sa terre de Baix-sur-Baix.

Alexandre Ladreyt de la Charrière.

François-Guillaume-Barthélemy La Forest de Chassagne.

— Joseph-Guillaume-Barthélemy La Forest, son père, pour ses fiefs de Sallelles, etc.

Louis-Joseph de la Garde des Poujols, capitaine d'infanterie, chevalier de Saint-Louis, commissaire.

Charles-François de Lagarde, ancien brigadier des gardes du corps du Roi, chevalier de Saint-Louis.

Christophe de la Mothe Chalendar de Saint-Laurent.

Jean-Baptiste de la Pimpie de Granoux, lieutenant des maréchaux de France.

— Marie-Just-Antoine de la Rivoire de la Tourette, colonel d'infanterie, pour sa terre de Gluyras.

— Dame Marianne de la Rochette, veuve de Jean-Joseph de Fages de Rochemure, pour son fief de Berthis.

Marie-Jean-Antoine-Augustin de la Salve de Faim, lieutenant au régt de Lyonnais.

François-Antoine de Laulanhier, ancien major d'infanterie, chevalier de Saint-Louis.

Emmanuel-Henri-Louis-Alexandre de Launay d'Antraigues, ancien capitaine de cavalerie, l'un des secrétaires de l'ordre.

Jacques-François de la Valette-Chabriol.

— Louis-Honoré Le Blanc, ancien capitaine d'artillerie, chevalier de Saint-Louis, pour son fief à Rochemaure.

— Pierre-Bernardin de l'Hermuzière, ancien capitaine au régt des gardes lorraines, chevalier de Saint-Louis, à cause de son fief des Faugères.

Louis-Hyacinthe de Mallian, capitaine-commandant des grenadiers du régt de Champagne, chevalier de Saint-Louis, commissaire ;

— Henri-René-Louis de Mallian, son frère, major de la ville et château vieux de Bayonne, chevalier de Saint-Louis, pour ses fiefs de Mallian, Fourchades et Fourton.

Jean-André Malmazet de Saint-Andéol, garde du corps du Roi.

Jean-André Malmazet de Saint-Andéol.

Jean-Baptiste-Louis Malmazet de Saint-Andéol, fils et donataire de son dit père, ancien officier d'artillerie, lieutenant de la venerie de France.

Henri-Jean-François de Marcha de Saint-Pierreville, commissaire.

Louis-François de Marquet, ancien capitaine de cavalerie, chevalier de Saint-Louis.

— Dame Magdeleine-Pauline de Martin d'Amirat, veuve de Saint-Ferréol, pour son fief du Clap.

Marie-Henri Meissonnier de Châteauvieux.

Jacques de Mercoyrol de Beaulieu, maréchal de camp.

Jean-François de Mercure de Rochessauve, ancien capitaine au régt de Brie.

Joseph-François de Merle de Lagorce-Larnas, ancien capitaine d'infanterie au régt Dauphin, chevalier de Saint-Louis.

Louis-Charles de Merle de Lagorce-Vallon, ancien capitaine de cavalerie, commissaire.

— Louis-Scipion-Jean-Baptiste-Urbain de Merle de Lagorce, Sgr de Salavas.

— Jean-Antoine des Michaux, pour son fief des Michaux.

— Joachim-Charles-Laure de Montagut de Beaune de Bouzols, lieutenant-général des armées du Roi, Sgr d'Aps, etc.

— Jacques-Aymar de Moreton-Chabrillan, lieutenant-général des armées du Roi, Sgr de Saint-Jean le Centenier.

Jean-Louis-André-Clément de Pagèse de la Vernède.

— Jacques-François Pavin de Fontenay, chevalier de Saint-Louis, commissaire des guerres, Sgr de Lafarge.

Antoine-Simon de Piolenc, capitaine d'infanterie, chevalier de Saint-Louis.

— Dame Marie-Antoinette de Piolenc de Loyre, pour son fief de partie de Brion.

— Pourret, curateur de Marie-Antoine-Joseph de Portalez de la Chèze, pour ses fiefs de la Chèze et Talaron.

Joseph-Louis Rabaniol de la Boissière, avocat-général au parlement de Dauphiné.

Joseph Richard de Beaumefort et de Saint-Alban, chevalier de Saint-Louis, ancien garde du corps du roi.

— François de Rochefort, pour son fief de Rochemaure.

— Aimé-Joachim-Joseph de Rochemore de Grille, pour ses terres de Saint-Réméze, etc., capitaine de cavalerie.

Antoine-Jacques-Louis Rochier.

Joseph Rochier de la Baume, ancien capitaine au régt de Custine.

— Henri Louis-Marie de Rohan de Guéménée et dame Armande-Victoire-Josèphe de Rohan-Soubise, son épouse, à cause de leur comté de Lavoulte.

— Jean de Roqueplane de Montbrun, Sgr d'Allier, Montbrun et Berzème.

Jean-Antoine de Rostaing, officier des grenadiers royaux de Languedoc.

François Ruelle (de Ruelle).

Adrien Ruelle fils.

Paul-Jean-Baptiste-Charles Sabatier de la Chadenède, syndic du pays de Vivarais.

Joseph-Benigne-Raymond de Sainard (Saignard) de Choumouroux, major des grenadiers du Quercy, chevalier de Saint-Louis.

Louis-François-Eustache-Achille de Saint-Etienne de Borne de Saint-Sernin, lieutenant au régt de Normandie.

Philibert-Hilaire-Gabriel de Saint-Priest de Châteauneuf (Robert), garde du corps du Roi.

Henri-Jean de Sampigny d'Issoncourt, capitaine d'infanterie, chevalier de Saint-Louis.

Jacques de Sautel du Besset.

Joseph-Charles-François de Sauzet de Fabrias.

— Joseph-François-Régis-Camille de Serre de Saunier de Gras, pour sa terre de Gras, lieutenant-colonel des cuirassiers du Roi.

— Dame Catherine de Serre, veuve et héritière fiduciaire de Jean-Baptiste Dupont de Ligonnés, pour ses fiefs de Sablières et de Ligonnés.

— Dame Alexandrine du Sollier, veuve, pour son fief de Saint-Vincent de Barrès.

Jean-Philippe Tardy de la Brossy, capitaine d'artillerie, chevalier de Saint-Louis.

— Jean-Fleury de Tardy de la Brossy, son père, pour son fief de Saint-Latger.

Jean-Louis-Damien Tardy de la Baume.

Pierre-Henri-Etienne de Tavernol, lieutenant d'artillerie au régt de Grenoble.

Simon-Pierre de Tavernol de Barrès, l'un des secrétaires.

Louis-Annet du Trémolet de la Cheisserie.

Joseph-François de Valleton, ancien major d'infanterie, chevalier de Saint-Louis.

Jean-Antoine-Victor de Vergèse du Mazel.

Gabriel Vincentis de Monseveny (de Vincenti).

— Dame Marie-Françoise de Vocance, veuve de Marquet, à cause de sa terre de la Tour.

Cérice-François-Melchior de Vogué, maréchal de camp, gouverneur de Montmédy.

---

# LISTE DES DÉPUTÉS DES TROIS ORDRES

## AUX ÉTATS-GÉNÉRAUX DE 1789.

—

### SÉNÉCHAUSSÉE D'ANNONAY.

Dodde, curé de Saint-Péray, official et archiprêtre.

Le marquis de Satillieu (du Faure) capitaine du génie.

De Boissy d'Anglas (François-Antoine) maître d'hôtel du comte d'Artois.

Monneron aîné.

## SÉNÉCHAUSSÉE DE BÉZIERS.

Gouttes, curé d'Argeliers.
Martin, curé de Saint-Aphrodise.

De Gleises de la Blanque, lieutenant général de la sénéchaussée de
Béziers, conseiller du conseil de Monsieur.
Le baron de Jessé (Joseph-Henri), capitaine de cavalerie.

Sales de Costebelle, avocat.
Mérigeaux, avocat.
Rey, avocat.
Roque, de Saint-Pons, négociant.

## SÉNÉCHAUSSÉE DE MENDE.

Brun, curé de Saint-Chély.
De Bruges, prévôt de la cathédrale, suppléant.

Jean-Joseph de Châteauneuf-Randon, marquis d'Apchier, ancien premier lieutenant de la gendarmerie.
Alexandre-Paul, marquis de Châteauneuf-Randon du Tournel, suppléant.

Rivière, lieutenant-général de la sénéchaussée.
Charrier, avocat.

## SÉNÉCHAUSSÉE DE MONTPELLIER.

L'évêque de Montpellier (Joseph-François de Malide).
Lacoste, curé de Villevieille, suppléant.

Le marquis de Saint-Maurice (Charles-Marie de Barbeyrac).
Le comte de Cadolle, marquis de Durfort, lieutenant des maréchaux de
France à Lunel, suppléant.
De Cambacérès (Jean-Jacques-Régis), conseiller à la cour des aides (1).

Verny, avocat à Montpellier.
Jac, propriétaire, avocat à Quissac.
Cambon fils, négociant à Montpellier, suppléant.
Allut fils, bourgeois de Montpellier, suppléant.

---

(1) M. de Cambacérès, qui fut depuis membre de la Convention et archichancelier de
l'Empire, avait été élu provisoirement député, sous le bon plaisir de Sa Majesté. La
sénéchaussée de Montpellier n'ayant droit qu'à un seul député pour l'ordre de la noblesse, la nomination de M. de Cambacérès ne fut pas agréée par Louis XVI.

## SÉNÉCHAUSSÉE DE NIMES.

L'évêque d'Uzès (Henri-Benoît-Jules de Béthisy).
L'évêque de Nîmes (Pierre-Marie-Madeleine Cortois de Balore).
Benoît, curé du Saint-Esprit.
Bonnet, curé de Villefort.

Le marquis de Fournès, colonel de Royal-Champagne-cavalerie.
Le comte de la Linière, maréchal de camp.
Le baron de Marguerittes, maire de Nîmes.
De Brueys, baron d'Aigalliers.

Rabaut de Saint-Etienne.
Voulland, avocat.
Soustelle, avocat.
Ricard, lieutenant principal au présidial de Nîmes.
Chambon de la Tour, premier consul, maire d'Uzès.
Quatrefages de la Roquette, bourgeois.
Meynier de Salinelles, bourgeois.
Valérian-Duclos, maire du Saint-Esprit.

## SÉNÉCHAUSSÉE DU PUY-EN-VELAY.

Privat, curé de Craponne.

Le marquis de la Tour-Maubourg, colonel-commandant le régt de Soissonnais.
De Jussac de Charbonnel, suppléant.

Richon, avocat en parlement.
Bonnet de Treiches, lieutenant-général de la sénéchaussée du Puy.

## SÉNÉCHAUSSÉE DE VILLLENEUVE-DE-BERG.

Chouvet, curé de Chomerac.
L'abbé de Pampelonne, archidiacre de la cathédrale de Viviers.

Le comte de Vogué, maréchal de camp.
Le comte d'Antraigues (de Launay).
Le marquis de Jovyac, maréchal de camp, suppléant.
Le baron de Pampelonne, chevalier de Saint-Louis, suppléant.

Espic, avocat à Aubenas.
Madier de Montjau, avocat, maire du Bourg Saint-Andéol.
Dubois-Maurin, conseiller doyen au sénéchal.
De France, avocat à Privas.
Vacher, conseiller en la sénéchaussée de Villeneuve-de-Berg, suppléant.
Baron de Montfoy, suppléant.

# GOUVERNEMENT MILITAIRE DU LANGUEDOC
## EN 1789.

### Commandant en chef:

Le comte de Périgord.

### Commandant en second :

Le vicomte de Cambis d'Orsan.

### Commandant dans les Cévennes :

Le comte de Rochefort.

### Commandant dans le Vivarais :

Le comte de Montchenu.

### Commandant dans le Velay :

Le marquis de Gras.

### Lieutenants généraux :

Le comte de Bissy.
Le duc de Gontaut.
Le comte de Caraman.

### Lieutenants de Roi :

Le comte d'Huteau.
De Falguerolles.
Le marquis de Barral d'Arènes.
Le baron de Castille.
Deydié de Gremian (Daniel-Bertrand).
Martin (Jean-Antoine Martin de la Laurèze, écuyer).

### Lieutenants des maréchaux de France :

Raignauld de la Bonne, à Nîmes.
Le chevalier du Roure, à Nîmes.
De Lamonie, à Sommières.
De Lacger, à Castres.
De Milhau, à Castres.
Le marquis Dufaget, à Toulouse.
Le chevalier d'Albis, à Toulouse.

Le baron de l'Isle-Roy (de Vanel), au Saint-Esprit.
Le marquis de Saint-Geniez, à Béziers.
Le marquis de Lavit, à Béziers.
De Roussy, à Montpellier.
De Serres de Mesplès (Jean-François-Antoine), à Montpellier.
De Mascarville, sénéchal de Castelnaudary.
De la Roquette à Mende.
De Framond, à Mende.
Le comte de Possac-Genas, à Alais.
Le marquis de Ginestous, à Alais.
Le baron de Saint-Benoît père (de Gueiraud), à Carcassonne.
Le baron de Saint-Benoît fils, à Limoux.
Catelan de Saint-Men, à Agde.
De Bornier de Ribalte, à Lunel.
Le comte de Cadolle, à Lunel.
De Montcamp, à Alby.
Brueys de Souvignargues, à Castelnaudary.
Le chevalier Destaniol, à Saint-Pons.
Le baron de Fontarèches, à Villeneuve-les-Avignon.
Le baron de la Tour du Pin-Gouvernet, à la Salle-Saint-Pierre.
De Chalendar, au Puy.
De Chardon de Roys, au Puy.
De la Roque, à Rieux.
De Palaminy, à Rieux.
Le comte d'Imbert de la Platière, à Pézénas.
Le vicomte de Nadaillan, à Pézénas.
De Planque, à Saint-Pons.
Le baron de Glavenas, à Viviers.
Dufornel, à Saint-Didier.
Le comte de Beaufort père, à Castel-Sarrazin.
Le vicomte de Beaufort fils, à Moissac.
Le chevalier d'Hargenvillier, à Villeneuve-de-Berg.
De Lastours, à Narbonne.

### Gouverneurs particuliers.

Le marquis de Timbrune-Valence, gouverneur à Montpellier.
Le comte de la Marlière, lieutenant de roi, à Montpellier.
Le chevalier de Gévaudan, à Montpellier.
Le duc de Fleury, gouverneur, à Aigues-Mortes.
Le chevalier de Grolée, major commandant, à Aigues-Mortes.
Le chevalier des Hours, major commandant au Fort-Peccais.
Le vicomte de Narbonne-Pelet, gouverneur, à Sommières.
De Thérond, major commandant, à Sommières.
Le prince de Rochefort, gouverneur, à Nîmes.
Du Cailar, lieutenant de roi, à Nîmes.
De Lespin, major, à Nîmes.
De la Coste, commandant, à Pradelles.
De Dampmartin, commandant, à Uzès.

Quintin de Beynes, commandant, à Villeneuve-les-Avignon.

Le comte du Roure, gouverneur, au Pont-Saint-Esprit.

De Bournissac, lieutenant de Roi, au Pont-Saint-Esprit.

Lamiltière, major, au Pont-Saint-Esprit.

Le marquis de Ginestous, commandant, au Vigan.

De Saint-André, commandant, à Alais.

Le marquis de Corneiras, gouverneur, à Saint-Hippolyte.

De Brigaud, major, à Saint-Hippolyte.

Dadre de la Coste, en survivance.

Le vicomte de Mérinville, gouverneur, à Narbonne.

Najac de Saint-Sauveur, lieutenant de roi, à Narbonne.

Le chevalier de Thoron-Lamée, major, à Narbonne.

Le comte d'Archiac, gouverneur, à Agde.

Le chevalier de Bernard, lieutenant de roi, au fort de Brescou.

Le chevalier de Laroque (Paul), major, au château de Ferrières.

De Querelles, lieutenant de roi, à Cette.

De la Garde, major, à Cette.

---

# COUR DES COMPTES AIDES ET FINANCES

## DE MONTPELLIER.

### *Présidents :*

Pierre-Maurice-Hilaire Claris, Sgr de Saint-Félix, Saint-Guiraud, Rabieux, premier président (1).

Jean-François Gros, Sgr de Besplas, conseiller d'Etat.

Pierre-Jean Layrolle, Sgr de Layrolle, vicomte de la Rivaldie, baron d'Aurelle, etc.

Pierre-Jean-Joseph Espic de Lirou.

— Ange-Elisabeth-Louis-Antoine Bonnier, Sgr d'Alco, de Malbose et de Valadière.

Jean-Jacques Mouton de la Clotte.

Jean-Pierre-Antoine Aurès.

Jean-François-Antoine Serres, chevalier de Saint-Louis.

Mathieu-Jean-François Bernard, Sgr de Boutonnet.

---

(1) Cette liste est tirée du *Tableau des semestres de la Cour des comptes, aides et finances de Montpellier pour l'année* 1790, imprimé à Montpellier par Jean Martel aîné, imprimeur ordinaire du Roi et de nosseigneurs de la souveraine Cour des comptes, aides et finances, près la place de l'intendance, 1790. Ce tableau donne le nom des officiers suivant leur ordre de réception. Nous ferons remarquer que pour obéir sans doute au sentiment d'égalité qui devait régner entre tous les membres de la cour, le tableau officiel du *département des chambres* n'attribue la particule à aucun nom patronymique. — V. pour la date de réception des membres de la Cour *l'Annuaire de la province de Languedoc,* 1861. p. 64-77.

Jean-Antoine Forton.

Il y avait un office de président vacant.

### Conseillers-maîtres :

Jean Vassal, doyen.

Jean-Paul-Amédée Masclary, sous-doyen.

Jacques Mouton, Sgr de la Clotte, Assas, Saint-Vincent, etc

Jean-Jacques Muret.

François Pas, baron de Beaulieu.

Jacques Mengau, Sgr de Celeyran.

Dominique-Antoine Flaugergues.

Gaspard-René Perdrix.

François Ugla.

Guillaume Gept, Sgr de Villesèque.

Daniel Hostalier, baron d'Anduze et de Saint-Jean de Gardonnenque, Sgr de Veyrac.

Pierre-Auguste Chazelles, Sgr du Luc et de la Boissière.

Aimable-François Clausel, Sgr de Coussergues, de Favart et de Rey.

Jean-Marie-Emmanuel Bosquat.

Claude Bonnet, Sgr de Pallières.

Pierre-Antoine de Gallière, marquis de Fontès, Sgr de Ceilles, Carlencas, Saint-Martin, Maders, Cabrières, Saint-Félix, Pomassargues.

Jacques Sicard.

Jacques J. Sicard.

Jacques-Joseph Boussairolles, Sgr de la Mogeire, de la Mourre, et du Bourg.

Antoine-André Leguepeys, Sgr de Bousigues.

Jean-Antoine Hostalier.

Jean Causse.

Etienne-Gaspard Plantade.

Jean-René-Marie de Solas, Sgr de Grabels, Combaillaux, etc.

Simon Malafosse.

Jean-Baptiste Embry.

Etienne-Hyacinthe de Ratte.

Antoine-François-Etienne Chapel, Sgr d'Espinasson.

Jean-Jacques-Régis Cambacérès.

Jacques-Pierre-Basile Rosset, Sgr de Tournel.

Jean-Jacques Fesquet.

Joseph-Philibert Coulomb.

François-Victor Bastier, Sgr de Bez, Esparron, la Fontette, etc.

Antoine-Alexandre-Marie Begon, Sgr de Blandas, baron du Clapier.

Pierre-Antoine-Henri Trémouille.

Jean-Jacques Lamorier.

Paul-Joseph Barthez, conseiller d'Etat.

Jean-Jacques Baron.

Claude-Dominique-Cosme Fabre.

Jean-Daniel-Gaspard Hostalier, Sgr de Servas.

Jean-Joseph-Evariste Duvern.

Pierre-Charles-Antoine Neyrac, Sgr du Cros.

Marie-Joseph Dors-Lastours, Sgr de Lastours, Cambon, Ferrière, etc.

Barthélemy-Robert Nogaret, Sgr dudit lieu, co-Sgr de Canillac, des montagnes de Saint-Urcise et de Lespinasse.

Pierre-David Villemejeanne, Sgr de Rochebelle.

Jean-Jacques-Louis Durand, Sgr d'Aleyrac, R. P.

André-Marie Gaultier, Sgr de Coutance.

Toussaint-Pierre-François Bessière, Sgr de Ramejean.

Jean-Baptiste d'Angles.

Marie-Valerian-François Renoyer.

Pierre Lebrun.

Claude Godard d'Haucourt, Sgr de Saint-Just.

Louis-François-Xavier Chaunel.

Germain Pinel de Truillas, Sgr de Truillas, de la Taule et Saint-Pierre, co-Sgr de Bize et de Saint-Sébastien.

André-Joseph-Simon Nougarède.

Joseph-Louis-Bruno-David Serene d'Acqueria.

Jacques-Clair-Stanislas Surrel, Sgr de Saint-Julien et du Cros.

Pierre-Michel du Bedos, Sgr de Castelbon, Fraissinet, Pousols, etc.

Antoine-Xavier Emery.

Jacques-Joseph Boussairolles, R. P.

Antoine-François-Jacques Boissier.

    Il y avait cinq offices de conseillers vacants.


### Conseillers-correcteurs :

André-Jean-Baptiste Valat.

Jean-Louis-Xavier Boisserolle, Sgr de Boisvilliers.

Jacques Duvern.

Joseph-Marc Fournier.

Jean-Paul Maffre.

Marc-Antoine Valedau.

Jean-Claude Grenier, Sgr de Vaissac et de Saint-Laurent.

Jean-François-Louis Corbin.

Paul Pailhoux, Sgr de Goutarède.

Jean-Antoine Quinsart, Sgr de Pradels, etc.

Jean-Elie Salvayre, Sgr d'Alayrac.

Jean-Philippe Fabri.

François-Joseph Fourcheut.

Antoine-Paul Sori, Sgr de Redonel.

Louis-François Dufau, Sgr de Fellins.

Jean-Paul-Raymond-Martin Gineste-Bonnafoux.

Simon Boudier, Sgr de l'Aribal, Boisson, Vallongue, co-Sgr du mandement d'Aligre, etc.

    Il y avait un office vacant.


### Conseillers auditeurs :

Jean-Pierre Gallière.

Mathieu Lebrun.

Antoine-Bernard de Teissier, Sgr de Cadapeau.
Jean Banal.
Daniel Solier.
Louis Pradel.
Jean Tarteron.
Jean Cassan, Sgr de Floirac.
Jean-Pierre Rouquette, Sgr du Cambon.
Joseph-Michel Lemoine, Sgr de Margon.
Jean-Baptiste Sambucy, Sgr de Luzançon, Linas, co-Sgr de Saint-George.
Louis Riols.
Pierre Jalabert.
Antoine Joanny de Rochely, Sgr de Pigeyres, de la Pinède, etc.
Pierre-Augustin Poitevin.
Guillaume Malroc, Sgr de la Fage.
Jacques Vaissière, Sgr de Saint-Martin.
Joseph-Jean-François Peyrot-Restaurand.
Pierre Molinier Sapientis.
Joseph-Guillaume Faure de Fiches.
Jean-Gabriel Murat, Sgr de Montai.
Henri-Marie-Antoine Maubec.
Jacques-Raymond Daniel, Sgr du Pujaud.
Joseph Richard, Sgr de Beaumefort, chevalier de Saint-Louis.
Jean-Jacques Sugier, Sgr de Chantilly.

Il y avait un office vacant.

### Gens du Roi :

Charles-René Pitot, Sgr de Launay, premier avocat-général.
Charles-Michel-Jean-Louis-Toussaint d'Aigrefeuille, Sgr de la Fosse et Caunelles, procureur-général.
Joseph-Romain-Malachie de Massip, Sgr de Bouillargues, second avocat général.
Pierre Madière d'Aubagne, Sgr de la Barthe, substitut.
Claude Viel, substitut.
François Pralon, greffier en chef.

### Présidents honoraires :

Joseph-Philibert Belleval.
Jean-Laurent Rouzier, Sgr de Souvignargues.
Joseph-Pierre-Antoine Monglas.
Louis-Jacques Puissant, Sgr des Placelles.

### Conseillers honoraires :

Jean-Antoine Cambacérès.
Philippe-Maurice Buisson de Ressouches.

Nicolas Crassous.
Pierre-Jacques Astruc.
Henri-François-Etienne Bosc.
Jacques Boissier.
Daniel Chaunel.
Jean-Louis Tourteau, Sgr d'Orvilliers, maître des requêtes.

### Correcteur honoraire :

Jean Begon, Sgr de Blandas, baron du Clapier.

### Auditeur honoraire :

Simon-Joseph Laborie, Sgr de Tharaux et de Saint-Geniès de Claisse.

### Gens du Roi honoraires :

Jacques-Joseph-Marie-Xavier Duché, ancien procureur général, conseiller d'honneur.
Claude Fabre, greffier en chef.

## CHANCELLERIE (1).

### Secrétaires du Roi :

Dulac.
Drivet de la Dernade.
Tempié.
Soefve.
Maupetit.
De la Palloueze.
Vaissière de la Fage.
Digneron.
Bernard.
Chalon.
Michel.

Rodier de la Bruguière.
Baron.
Petiniau.
Grailhe de Monteyma.
Champ.
De la Pierre de Favières.
Mallebay.
Dorgouilhoux de Peyferie.
Aragon, scelleur.
Vezian, receveur.

# SÉNÉCHAL-PRÉSIDIAL DE BÉZIERS.

De Gleises de la Blanque, lieutenant-général, juge-mage.
De Barthélemy, lieutenant-général criminel.
Iché, lieutenant principal.

(1) V. États des Cours, 1785, p. 179.

Sarret, doyen.
Guibal.
De Maintenon.

De Barbier.
Destaville.
Nauthon.

*Gens du Roi :*

Dorsenne, avocat du Roi.
Noury, procureur du Roi.
Guibal du Rivage, avocat du Roi.
Dominique Vieules, greffier en chef.

---

# SÉNÉCHAL-PRÉSIDIAL DE MONTPELLIER.

Le maréchal de Castries ( La Croix), Sénéchal.
1778. De Barthez, juge-mage, lieutenant-général.
1754. De Seurat, lieutenant-général criminel.
1772. Farjon, lieutenant principal civil.
1775. Martel, lieutenant particulier, assesseur criminel.

Astruc de Vissec, doyen.
Bardy, sous-doyen.
Magnol, clerc honoraire.
Carquet, honoraire.
De Grasset.
Benezech, co-Sgr de Mirevaux.
Farjon.

Rolland, Sgr de Mayes.
Castan.
Galyé.
Coulomb.
Lemoinier.
De Montclar de Caumel.
Mouton de Buzarin.

*Gens du Roi :*

Bernard de Campan, chevalier, avocat du Roi.
Nadal, procureur du Roi.
Jacques Vidal, greffier en chef, civil et criminel.

---

# SÉNÉCHAL-PRÉSIDIAL DE NIMES.

Le comte de Faret, marquis de Fournès, Sénéchal.
Augier, juge-mage, lieutenant-général.
Fajon, lieutenant criminel.
Ricard, lieutenant principal.
De Gabriac, lieutenant particulier.

Magne, doyen.
De Chalbos de Cubières, baron
   de Ceirargues.
Fornier de Mayrard.
Palisse de Caissargues.
Pintard.

Michel.
Roustan.
De Monteils.
Delom (de Lom).
Mazauric.
De Vérot.

*Gens du Roi :*

Mazer, avocat du Roi.
Brunel de la Bruyère, procureur du Roi.
Soubeiran, avocat du Roi.
Gaujoux, greffier en chef.

----

# SÉNÉCHAL-PRÉSIDIAL DU PUY-EN-VELAY.

1779. Le marquis de la Salle (de Caillebot), Sénéchal.
     Bonnet de Treiches, lieutenant-général, juge-mage.
1782. De Bonneville, lieutenant criminel.
1757. Roche de Pouzol, lieutenant principal.
     Dorlhac, lieutenant particulier.
1762. Rome de Chazos, lieutenant de robe courte.
1748. Richioud d'Adiac, conseiller d'honneur.
1761. De Vertaure, conseiller rapporteur du point d'honneur.

Chomel de Chazelles.
Porral de Saint-Vidal.
Richioud d'Adiac, fils.

Calemard de la Fayette.
Jourda de Vaux de Folletier.
De L'Escoffier.

*Gens du Roi :*

1758. Vidal Duranson, procureur du Roi.
1779. Pellissier, avocat du Roi.
     Pellissier de Mondredon, écuyer du Roi.
1783. Guillaume, greffier en chef.

----

# GÉNÉRALITÉ DE MONTPELLIER.

1786. Charles-Bernard de Balainvilliers, chevalier, ancien avocat du
     Roi au Châtelet de Paris, conseiller du Roi en tous ses conseils,

maître des requêtes ordinaires de son hôtel, intendant de la province (1).

## BUREAU DES FINANCES.

### *Présidents :*

De Maupel, chevalier, premier président.
Massilian de Massureau, Sgr de Sanilhac.
Viguier de Lestagnol, Sgr de Sales, chevalier d'honneur.

### *Trésoriers de France :*

Benezech, doyen.
De Reversat.
Lecourt.
Dumas.
Reboul.
Magnol.
De Girard, baron d'Apremont.
Baron.
De Vichet.
Beyrès.
Nougarède.
De la Pierre.
Loys de Marigny.
Rives de Ribaute.

Bosquat de Ferrière.
Astruc.
Campredon.
Flandio de la Combe.
Guibal.
Lajard.
Serene d'Acqueria.
Lapierre.
Tapié.
Theule de Capitoul.
Roux.
Castan.
Bardon.

### *Gens du Roi :*

1753. Bellonnet, avocat du Roi.
1764. Argeliès, avocat du Roi, ancien.
       Tabarié, procureur du Roi.
1781. Fargeon, procureur du Roi.
1754. Imbert, greffier en chef.
1772. Rouaud, greffier triennal.

(1) L'intendance de Languedoc comprenait deux bureaux de finances, celui de Montpellier, et celui de Toulouse. — V. la composition du Bureau des trésoriers de France, de Montpellier (1424-1789), dans *l'Annuaire de la province de Languedoc*, deuxième année, p. 108-113. — Paris, 1862.

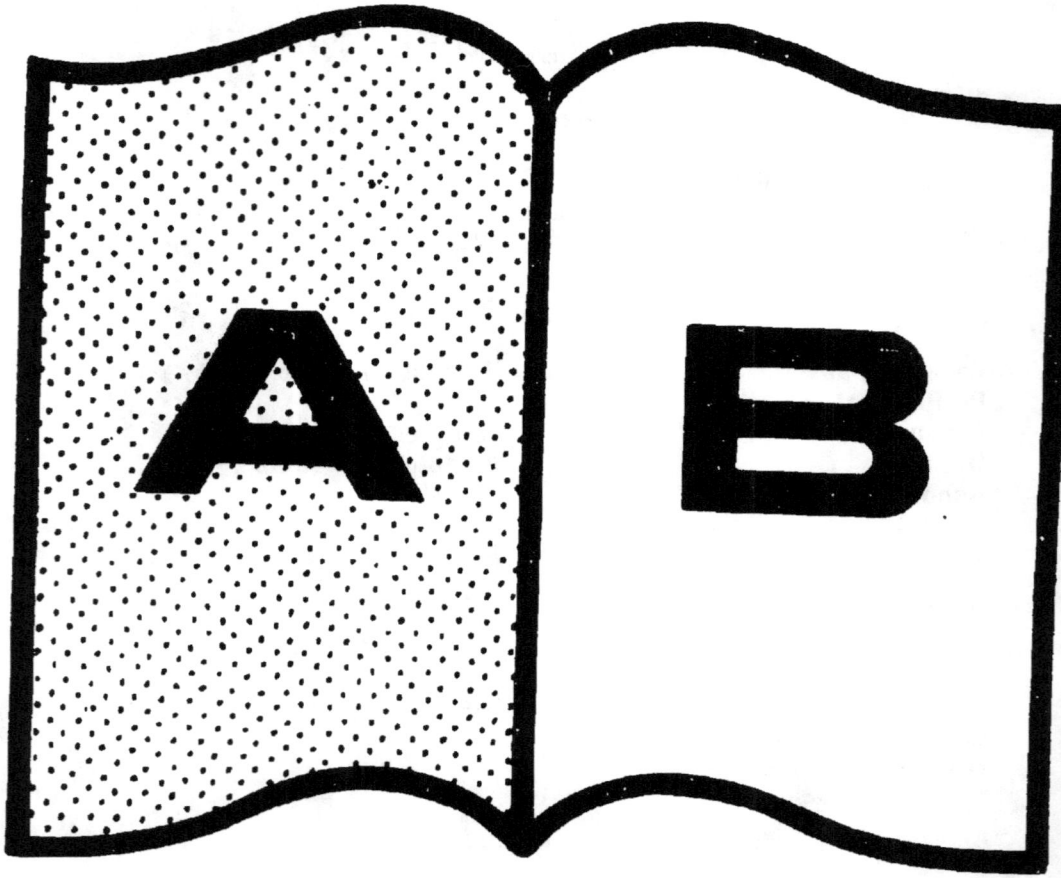

Contraste insuffisant

**NF Z 43**-120-14

www.ingramcontent.com/pod-product-compliance
Lightning Source LLC
Chambersburg PA
CBHW072021290326
41934CB00009BA/2158